Widmung

Vertrieb Deutschland, Österreich, Italien, England usw.
für die Hotellerie, Industrie, Dienstleister
MENANI GmbH – Verlag & Vertrieb weltweit
Eichbergstraße 13
D-86935 Rott am Lech/Ammersee
Telefon 08869 911 571 Telefax 08869 911 573
www.menani.de info@menani.de

Vertrieb Deutschland ***für den Buchhandel***
HEROLD Auslieferung und Service GmbH
Raiffeisenallee 10
D-82041 Oberhaching
Telefon 089 613871 0 Telefax 089 613871 20

Vertrieb Schweiz ***für die Hotellerie***
media-4-health
Kellengasse 2D
CH-5643 Sins
Telefon 041 740 37 86 Telefax 041 740 37 88
media-4-health@bluewin.ch

Lizenzvergabe für Produktion und Vertrieb – weltweit
MEPASA AG
Winkelbüel 4
CH-6043 Adligenswil
Telefon 041 372 02 00 Telefax 041 372 02 01
www.mepasa.ch info@mepasa.ch

Autor	**Franz X. Bühler**
Lektorat	Emilie Bühler, Tilli Bühler, Heidy Gasser, Barbara Wallimann, Dr. Markus Wiggli
Illustrationen	Pierre Bühler

---

1. Auflage		**2002**
14. Auflage	(bis 122 000 Ex.)	**2008**

ISBN 978-3-906439-01-3 **(Buch – deutsch)**
ISBN 978-3-906439-22-8 **(Buch – deutsch – Luxusausgabe)**
ISBN 978-3-906439-18-1 **(Hörbuch 3CDs – deutsch)**
ISBN 978-3-906439-16-7 **(Buch – englisch – 5. Auflage)**
ISBN 978-3-906439-17-4 **(Buch – italienisch)**

eine Rose für?

Damit ein Buch entstehen kann, braucht es viele Mitwirkende, direkt und indirekt. Auch ich möchte mich mit diesen Zeilen herzlich bedanken. Bedanken bei Tilli, meiner lieben Frau, die während der Schreibarbeit viele Tage und Abende allein verbringen musste. Oft machte ich vor Aufregung kein Auge zu und wälzte mich unruhig im Bett hin und her. Sie las das Buch mit den Augen der Leserinnen und Leser und half mit interessanten und wertvollen Ideen, das Werk zu vervollkommnen.
Danken will ich aber auch Heidy Gasser, die mir als erfahrene Schriftstellerin und Lektorin zur Seite stand; Barbara Wallimann, die mit ihren grossen orthografischen Kenntnissen mithalf, das Buch auch für kritische Leser so professionell und fehlerfrei zu gestalten, wie nur möglich; meiner Mutter Emilie Bühler, welche das entstehende Buch mit den Augen einer Korrektorin und Mutter verschlang; Dr. Markus Wiggli, der sich die Zeit stahl, um mit seinem Wissen und Können das Werk abzurunden. Und last but not least, Pierre Bühler (nicht verwandt), der mit seinen feinfühligen Illustrationen dem Buch sozusagen den letzten Schliff verpasste. Herzlichen Dank!

zum Autor Franz X. Bühler
Geboren 1956 in Sursee (Schweiz). Er hat in einem ganz persönlichen Prozess vieles erlebt und lehrt nicht theoretisch, sondern aus der praktischen Erfahrung, dem Leben heraus. Eine seiner herausragenden Fähigkeiten ist es, komplexe Dinge einfach und leicht verständlich zu vermitteln. Seit über 27 Jahren gehört das aktive Studium des Lebens und dessen Gesetzesmässigkeiten zu seinen grossen und faszinierenden Aufgaben. Über verschiedene Ausbildungsbereiche wie Mentaltraining, Suggestopädie und dem intensiven Studieren des Unterbewusstseins, stiess er als Trainer für NLP auch zur Quanten-Physik und Quanten-Psychologie. Er fand hier ein Wissen, das ihn faszinierte und seinem Anspruch an Klarheit und Wirksamkeit entspricht. Für Franz X. Bühler ist jeder Mensch einmalig und wertvoll. Er begegnet ihm mit Achtung und Respekt.

Er sieht sich als „lernender Lehrer" und nicht als Meister oder Guru. Er ist überzeugt von der Weisheit jedes Einzelnen und sieht seine Aufgabe darin, "die schlafenden Fähigkeiten" in jedem zu wecken, um selbst wach zu bleiben. Bekannt wurde Franz X. Bühler durch unzählige Einzelcoachings, in denen er vielen Menschen half, leicht, einfach und schnell Alltagsprobleme, selbst tiefsitzender Natur, zu lösen, seinen Lernstrategien-Trainings, dem iPowerbuch-Seminar, der IP-Mind-Methode, Feuerlaufseminaren, dem Kurs „schlank werden-schlank bleiben", dem IP-Master-Training und der ersten, umfassenden nebenberuflichen Mental- und Persönlichkeits-Trainerschule nach VSMPT.

Vorwort

„Der Bauch ist ein Meister aller Künste“
(Persius Flaccus, römischer Satiriker, 34-62 n. Chr.)

24 Stunden am Tag stehen wir im Leben. Mit Augen, Ohren, Nasen und Mund begreifen und verstehen wir unsere Umwelt. Einige dieser Erfahrungen sammeln sich in unserem Kopf, andere finden den Weg in unser Herz.

Und wir erkennen: Vieles liegt im Gegensätzlichen. Der Erfolgreiche weiss, dass er sich jeden Tag wieder anders orientieren und neu dazu lernen muss. Das kann spannend und herausfordernd sein. Jede Situation birgt eine weitere Chance, vorausgesetzt, wir können und wollen sie auch wirklich sehen.

Was gestern noch Gültigkeit hatte, wird heute von neuem definiert. Und dies oft ohne unser persönliches Mitwirken.

Diese Tatsache fordert und fördert unseren Verstand und unsere Bereitschaft als offene Menschen die Zukunft zu erleben und zu gestalten.

Unsere Erfahrungen und Erkenntnisse sind unter anderem auch die Grundlage für eine gereifte Lebensgestaltung. Nur, mit dem Wissen, das wir mit dem Kopf erkannt und dem Herzen erfahren und begriffen haben, handeln wir mehr als wir uns bewusst werden, aus dem „Bauch“

heraus. Das ist gut so und es macht uns manchmal sogar sicherer in unseren Handlungen und Aktivitäten.

Im Buch „Vom Kopf ins Herz“ lesen Sie Erfahrungen, Erkenntnisse und Erfolge von Mitmenschen – oft auch kleine Weisheiten – die Sie für sich, ganz persönlich und für Ihre Lebensgestaltung nutzen können.
Damit Sie öfters auch die Möglichkeit sehen, Ihr Leben anders, möglicherweise sogar neu und erfolgreicher, aus dem „Bauch“ heraus zu gestalten.

Dies liebe Leserin, lieber Leser wünsche ich Ihnen aus ganzem „Bauch“ – pardon – „von ganzem Herzen“.

Peter Suter, Frick

das findest du in diesem Buch

II.
das grösste Warenhaus für Projekte, Ziele Wünsche und Träume

III.
Erfolgswerkzeuge - leicht, einfach und wirkungsvoll

IV.
Erkenntnisse wahr und alltagstauglich

V.
deine Gedanken - deine Goldmine

VI.
Reichtum - mehr als ein Wort, greifbar und machbar

VII.
Weisheiten grosser Denker, verstehen und umsetzen

VIII.
Gewohnheiten, die dich weiterbringen

IX.
Dinge, die das Leben leichter machen

„wie du dieses Buch lesen kannst"

Was masst sich dieser Bühler an? Als ob ich nicht wüsste, wie man ein hundsgewöhnliches Buch liest. »Hundsgewöhnliches Buch? – *Entschuldigung, dann eben nicht!«*

Wer trotzdem das Gefühl hat, er könnte vielleicht eine neue, faszinierende Idee dazugewinnen, darf gespannt weiterlesen. Wer weiss?

Also, eine Variante ist:
Verschlinge es von vorne bis hinten. Nimm die wirkungsvollen Ideen, Erfahrungen, Tipps, ja, zum Teil Jahrtausende alten Erkenntnisse, auf. Lasse sie tief einsinken und beobachte kritisch deren Wirkung und Tauglichkeit im Alltag. Oder lies es ganz einfach von

vorne bis hinten durch, so wie du es meistens mit anderen Büchern tust.

Die zweite Möglichkeit:
Wann immer du hoffnungsvoll nach einem griffigen Tagesmotto suchst, schlägst du einfach eine Seite auf, denn: *»Auch Zufälle können oft überraschend weiterhelfen.«*

Die dritte Form:
Lies jeden Tag nur ein einziges Kapitel, sei offen und gespannt, was du entdeckst und freue dich erwartungsvoll auf den nächsten Tag – gerade so, als ob du heute Lotto gespielt und aufgeregt und nervös endlich deinen sicheren 6er erwartest.
Nach den ersten paar Monaten kannst du es ein zweites und ein drittes Mal lesen. Wetten, dass du immer wieder Dinge entdeckst, welche dir vorher noch verborgen blieben?

Die vierte Version...
...ist die bibliomantische. Sie hat fast etwas Magisches an sich und ist wirklich nur für experimentierfreudige Menschen gedacht. Trotzdem interessiert?
So funktioniert es:
»Schliesse deine Augen und stelle eine klare Frage, auf die du brennend eine Antwort suchst. Behalte diese Frage immer im Kopf, während du nun, immer noch mit geschlossenen Augen, das Buch zur Hand nimmst und erwartungsvoll darin zu blättern beginnst. Schlage es irgendwo auf, zeige mit deinem Finger auf ei-

nen x-beliebigen Punkt und öffne danach deine Augen. Welche Stelle hast du getroffen? Worauf zeigt dein Finger?«

Es kann sein, dass dir gerade diese besondere Stelle im Buch wertvolle Hinweise gibt, wie du in deiner Sache weiterkommst. Manchmal ist es der ganze Abschnitt, oft die ganze Seite.

Sei offen, neugierig, experimentierfreudig und lass dich überraschen! Aussergewöhnliche Ideen können eine sprudelnde Quelle, ein Turbo in der Entwicklung eines Menschen bedeuten. Wer glaubt, schon alles zu wissen und dass es nichts Neues mehr zu entdecken gäbe, bleibt gefangen in seiner einschränkenden Sichtweise. Er steht ganz einfach still.
Erinnere dich: *»Was haben wir Menschen allein in den letzten Jahren alles entdeckt und geschaffen? Was wurde möglich, das noch vor 100 Jahren vollkommen undenkbar schien? Dinge, die du und ich heute mit absoluter Selbstverständlichkeit akzeptieren und zum Teil täglich nutzen, wie Radio, Fernsehen, Funk und Computer, die Eisenbahn und vieles mehr!«*

I.

Einstellungen, die dich weiterbringen

Sie stecken in jedem Menschen und sind oft kaum zu erkennen – die Diamanten, die nur darauf warten, entdeckt und „geschliffen“ zu werden...

„Gewinner und Verlierer

der Unterschied?

«unbekannt»

Der Verlierer ist immer Teil eines Problems.
Der Gewinner ist immer Teil der Antwort.
Der Verlierer hat immer eine Entschuldigung.
Der Gewinner hat immer ein Programm.
Der Verlierer sagt: *»Das ist nicht mein Job.«*
Der Gewinner sagt: *»Lass mich es für dich tun.«*
Der Gewinner sieht eine Antwort in jedem Problem.
Der Verlierer sieht ein Problem in jeder Antwort.
Der Verlierer sieht ein Problem in jedem Sandloch.
Der Gewinner sieht das Grün neben jedem Sandloch.
Der Verlierer sagt: *»Es könnte möglich sein, aber es ist zu schwierig.«*
Der Gewinner sagt: *»Es könnte schwierig sein, aber es ist möglich.«*
Welches sind deine Antworten?

„es gibt keine Zufälle“

«Erkenntnis»

Achtung: Der heutige Tag könnte als einer der spannendsten und interessantesten Tage in deine Lebensgeschichte eingehen. Du sollst dich nämlich entscheiden: *»Gibt es wirklich Zufälle oder gibt es sie nicht?«*
Du brauchst nicht sofort mit JA oder NEIN zu antworten. Vielleicht hilft dir folgende Erkenntnis weiter:
Dank intensiven Forschungen auf dem Gebiet der Quantenphysik können Wissenschaftler heute beweisen: *»Es gibt keine Zufälle. Was es gibt, sind Ereignisse, deren Zusammenhang wir, mit einer irgendwann gesetzten Ursache im Moment des Eintreffens, nicht bewusst nachvollziehen können!«*
Das ist verblüffend! Wenn es definitiv keine Zufälle gäbe, könntest du aus deinen Erlebnissen und Erfahrungen rückschliessen, dass es irgendwo in deinem Leben und damit in deinem Supercomputer namens Gehirn bestimmte Speicherinhalte geben muss. Diese ziehen Dinge an, die du vielleicht nicht magst, die du anders haben möchtest. Fange jetzt an und beobachte gespannt die „Zufälle“ in deinem Leben. Lasse dir Zeit. Auch ich brauchte über 50 „Zufälle“ bis ich als rationaler Elektroniker endlich widerwillig eingestehen musste: *»Es gibt keine Zufälle!«* Frage: *»Was ist dir in letzter Zeit zufällig passiert?«*

„die Geschichte vom Adler“

«unbekannt»

Es war einmal ein wundervolles, farbig gesprenkeltes Adlerei, das fiel in ein fremdes, weiches Nest. Obwohl es ganz anders aussah als die anderen, beschlossen die Hühner nach langem Hin und Her, es doch auszubrüten. Die Zeit verging und es schlüpfte ein sonderbares Kücken. Die Monate verflossen, die Kücken wuchsen heran und lernten, was ein „richtiges Huhn“ ist. Eines Tages sah der kleine Adler weit oben einen grossen Vogel majestätisch kreisen. *»Ohh, wenn ich doch auch nur so fliegen könnte«* war sein grösster Wunsch. Die Hühner gackerten aufgeregt: *»Das ist nichts für „Unsereins“. Das ist viel zu gefährlich, so hoch fliegen können wir nicht!«*
Ob der kleine Adler je so majestätisch fliegen lernt, hängt einzig und allein davon ab, ob er glaubt, „Unsereins“ zu sein oder es einfach einmal versucht und seine kraftvollen Flügel ausbreitet.
Von welchen schönen und grossen Dingen glaubst du, dass sie nichts für dich – nichts für „Unsereins“ sind? Wann packst du es einfach an und tust es?

„auch der längste Weg beginnt mit dem ersten Schritt“

«unbekannt»

Als ich die Idee zu diesem Buch hatte, dachte ich: *»Wann willst du das in deinem vollgestopften Kalender noch unterbringen?«* Doch dann kam mir ein faszinierender Gedanke: *»Wenn ich jeden Tag nur eine einzige Seite schreibe ist das Buch spätestens nach 168 Tagen fertig!«* Der Gedanke daran liess meinen Puls nach oben schnellen und ein warmes, ungewöhnlich kraftvolles und anspornendes Gefühl begann sich im Bauch auszubreiten. Schlussendlich wurden es oft mehrere Seiten pro Tag und das Buch war viel schneller fertig als geplant!
Egal, was du dir vorgenommen hast, wie gross dir „deine“ Berge scheinen, vor denen du gerade stehst: *»Denke, plane und dann gehe Schritt für Schritt vorwärts. Schreite vertrauensvoll und motiviert in Richtung deines Zieles!«*
Und denke daran: *»Ein Kilometer besteht aus 1000 Schritten, ein Millionenvermögen aus Millionen einzelner Franken. Es braucht jeden Schritt, jeden Franken, um zum angestrebten Ziel zu kommen.«*

„Liebe -

etwas für Träumer?"

«Liebe als Werkzeug für Realisten und andere „Spinner"»

Liebe soll die grösste Kraft sein, die wir kennen? Was ist damit gemeint? Alles heil, alles in Ordnung, alles rosa? Nein! Etwas lieben bedeutet, es mit all seinen Facetten zu mögen, zu akzeptieren, nicht damit zu hadern, nicht daran zu zweifeln.
Lieben heisst: *»Richte deine ganze Energie auf das, was du von ganzem Herzen willst. Sei bewegt, ja begeistert davon mit jeder Faser, jedem Molekül, jedem Atom deines Körpers. Schwinge, vibriere und zittere vor Aufregung, wenn du an deine Idee denkst! Werde selbst zu deiner Idee – sei deine Idee!«*
Erfolgreiche Menschen fragen sich:
»Was liebe ich an.........? Was kann ich tun, um .... noch mehr, noch intensiver zu lieben? Was macht .... besonders liebenswert? Was stärkt meinen Glauben, dass .... möglich ist?«

„ich bin wertvoll“

«erstrebenswertes Grundgefühl als Suggestion»

Der Quantenphysiker Ulrich Warnke rechnet uns glaubhaft vor, dass der Energiewert von nur 1 Gramm menschlicher Materie umgerechnet den unglaublichen Geldwert von 1 Million Dollar hat!
Welcher halbwegs vernünftige Mensch kann da schon – rein materiell – von sich behaupten, nicht wertvoll zu sein? Klar braucht es mehr als das. Um dich wirklich wertvoll zu fühlen und von deinen inneren und äusseren Werten überzeugt zu sein, musst du ein starkes und tief verankertes Gefühl dafür entwickeln, dass es wirklich so ist!
Folgende Übung hat bei vielen schon wahre Wunder bewirkt: *»Frage dich, was dich für andere Menschen so wertvoll macht? Ist es deine Erfahrung, dein Wissen, deine Zuverlässigkeit, dein Einfühlungsvermögen, sind es deine Fähigkeiten? Was an dir schätzt du ganz besonders? Welche wertvollen Erfahrungen hast du schon gemacht, die anderen (und dir) weiterhelfen?«*
Schreibe alles auf einen Zettel und lese diesen 60 Tage lang – jeden Tag – mindestens 3mal durch, einmal davon vor dem Einschlafen!
Du bist nicht nur das, was man anfassen kann, du bist auch all das, was sich in deinem Kopf befindet. Das macht dich einmalig und wertvoll!

„wenn ich Details toleriere, ist das der Anfang vom Ende“

«Ralph Krueger, Schweizer Hockey-Nationalmannschafts-Trainer»

Eiserne Disziplin ist einer deiner Hauptschlüssel zum Erfolg. In dem Moment, wo du anfängst, selbst in kleinsten Dingen lasch und nachgiebig zu werden, nistet sich in deinem Unterbewusstsein unweigerlich der erste, gemeine Erfolgsverhinderer ein! Ein kleiner, unscheinbarer Tyrann, der es blendend versteht, deine Motivation von Tag zu Tag mehr zu sabotieren, bis sie eines Tages vollkommen zerstört, zu einem kleinen Haufen Elend verkümmert, am Boden liegt.
Darum sollst du dir ja kleine, erreichbare Zwischenziele setzen, weil du diese konsequenter anpacken und durchziehen kannst.
Nimm dir täglich nur eine einzige Stufe vor. Arbeite diszipliniert und höre nie auf, bevor du sie erfüllt hast!
Teste selber:
»Welches Gefühl hast du, wenn du am Ende des Tages zurückschaust und siehst, dass du konsequent verwirklicht hast, was du dir vorgenommen hattest? Kommt da nicht ein wenig Stolz auf? Und wie wirkt sich dies auf dein Selbstvertrauen aus?«

„glaube an das Unmögliche und das Unmögliche wird möglich“

«Ralph Krueger»

In unserem Sprachverständnis ist das Wort „unmöglich“ absolut und scheint keinen Ausweg zuzulassen. Wirklich? Ist es nicht vielmehr genau umgekehrt? „Unmöglich“ hat auch das Wort „möglich“ drin! Und die Silbe „Un“ steht fast immer nur für „so nicht“! Es heisst also nicht „unmöglich“, sondern „so-nicht-möglich“. Das ist aber das pure Gegenteil! Es bedeutet: »Es gibt immer einen Weg. Du hast ihn nur noch nicht gefunden.«

Vielleicht fehlt dir nur noch die feste Überzeugung, dass du es wirklich schaffst? Dann frage dich: *»Was kannst du heute tun, um deine Überzeugung in das 100%ige Gelingen zu stärken? Mental? Aktiv durch Handeln?«*

Ist es nicht toll zu wissen, dass auch andere Menschen vor dir schon in der gleichen oder einer ähnlich verzwickten Situation waren und dass auch sie es schafften? *»Alles, was je ein Mensch geschaffen hat, kannst auch du erreichen. Weil du mit den genau gleichen Rezepten und Gesetzen arbeitest, wie alle anderen auch!«*

„du hast ein Problem?

Gut - du lebst!“

«Napoleon Hill»

Warum nur haben so viele Menschen mit dem Wort Problem ihre liebe Mühe? Wünschst du dir wirklich, gar keine Probleme oder Herausforderungen mehr zu haben? Ich kenne nur einen Ort, wo lauter Menschen sind, die keine Probleme haben: den Friedhof!
Probleme die wir gemeistert haben, machen uns stark, erfahren und in vielerlei Hinsicht noch wertvoller.
Bedenke: *»Du kannst kein Problem – oder nenne es Herausforderung – haben, ohne dass in dir nicht bereits der Keim der Lösung steckt.«* Das ist reine Polarität. Dies zu wissen, kann dir Zuversicht und Kraft geben, es anzupacken statt zu umgehen oder daran zu zerbrechen. Glaube mir: *»Ein Problem zu umgehen, bringt überhaupt nichts, ich habe es nur zu oft versucht, es funktionierte nie! Ich bekam dieselbe Herausforderung immer und immer wieder um die Ohren geknallt, jedesmal einfach in einem anderen Kleid – aber im Kern immer genau dasselbe.«* Gehe das Problem in seiner Tiefe an, überlege, welches Verhalten dich dahin geführt hat. Erkenne es und verändere! Du wirst dich wundern...

„Misserfolge?"

Für die meisten Menschen sind Misserfolge Ereignisse, die sie völlig demotivieren, an ihren Kräften zehren und sie in ihren Zielen weit zurückwerfen. Schlimmer noch, sie sind sogar in der Lage, ihre ganzen Träume wie zarte Seifenblasen platzen zu lassen! Das muss und darf nicht sein!
Ein Misserfolg wird erst dann wirklich zum Misserfolg, wenn du das Resultat bewertest. Werte nie! Misserfolge sind genauso Ergebnisse wie Erfolge. Lerne daraus und vermeide es, dasselbe Resultat ein zweites Mal zu produzieren!
Dein ganzes Leben besteht aus lauter «go, no-go» Ergebnissen. Schon als du laufen lerntest, war das so. Hast du nach dem 100sten Mal aufgegeben und gesagt: *»Ich lerne das nie?«* Kaum, sonst würdest du heute noch deine Knie wundschürfen und herumkriechen und krabbeln! Du hast es ein 101tes und 102tes Mal versucht, bis es klappte.
Folgende Einstellung hilft dir, selbst aus „Misserfolgen" Kraft zu schöpfen: *»Betrachte jedes Ergebnis als ein neutrales Resultat, eine eindrückliche und wertvolle Investition in dein Lernen und Wachsen. Nimm es dankbar an, denn es bringt dich weiter.«*
Die meistgefragten Leute sind Menschen mit Erfahrung. Erfahrungen aber sind nicht Angelerntes, sondern Erlebnisse mit Lerninhalt!

„ein Schiff ist im Hafen sicher, dafür wurde es aber nicht gebaut“

«unbekannt»

Gehörst auch du zu den Menschen, die viel lieber im sicheren Hafen bleiben, als sich in die offenen Wellen des Lebens hinauszuwagen? Dann wird es Zeit, endlich einmal den Hafen zu verlassen. Entdecke die Welt und das Leben, es kann herrlich sein! In dir steckt ein viel besserer Navigator als du glaubst. Bereite deine Reise vor, mache dich fit und packe es an. Du wirst sehen, der Umgang mit Ruder und Segel ist einfacher als du denkst, und was du noch nicht beherrschst, lehrt dich die Reise.

Geniesse die peitschende Gischt, den Wind, der dir ins Gesicht bläst und den Atem raubt, geniesse die Herausforderungen. Sie sind das gewisse Etwas, die pikante Würze, sie gehören zum Leben. Ja, sie sind viel mehr als das: *»Sie sind deine echten Freunde, ohne die du nicht weiterkommst, die dich zu neuen, unentdeckten Ufern des Lebens führen und begleiten.«* Setze jetzt deine Segel und starte!

„nur wer das Unerreichbare anstrebt, dem gelingt das Erreichbare“

«unbekannt»

Schöne Worte, aber was ist, wenn ich mein Ziel zu hoch gesteckt habe und es nicht erreiche? Da sind doch Frust und Stress vorprogrammiert. Oder?
Nein! Nicht, wenn du eine einzige Bedingung beherzigst – und diese lautet: *»Freue dich jederzeit am bereits Erreichten, auch wenn es noch nicht deinem ganz grossen Ziel entspricht – und strebe weiter nach dem Unerreichbaren.«*
Grosse Ziele aktivieren grosse Ideen, kleine Ziele öffnen kleine Schubladen. Teste selber. Welche Ideen fallen dir ein bei der Frage: *»Was muss ich tun, um in einem Jahr 10% mehr zu verdienen?«* Und was kommt auf, wenn die Frage lautet: *»Was müsste ich tun, um in einem Jahr doppelt so viel zu verdienen?«*
Denke daran: *»Was irgend ein Mensch vor dir schon geschaffen hat, kannst auch du erreichen! Du hast die gleichen Möglichkeiten, lebst auf derselben Erde und bedienst dich derselben universellen Gesetze.«*

„sei dankbar“

«unbekannt»

Sei dankbar für alles was du hast, für deine Gesundheit, dein Wissen, dein Können, dein Umfeld, dein Vermögen, deinen Job, deinen Nachbarn, dein Leben. Hast du einen Wunsch, dann bitte die universelle Intelligenz, Gott, Jesus, oder wie immer du es nennen magst, um dessen Erfüllung. Und jetzt kommt das Wichtigste: *»Danke dafür, dass es in Gedanken bereits Realität wurde, dass es so ist!*
Das klingt für viele Menschen ziemlich gewöhnungsbedürftig und frömmlerisch. Ist es aber nicht. Quantenphysikalisch ist es sogar der absolute Hit-Tipp!
Warum?
Weil das „Sich-bedanken-für-etwas“ – speziell in der Form, in der es „bereits eingetroffen“ ist – nichts anderes heisst, als schon heute das vollständige Erfolgsbild zu verankern.
Und das Beste daran: *»Danken für etwas Vollbrachtes ist eine der perfektesten Formen des Loslassens«* – quantenphysikalisch nachvollziehbar!

„ein Lächeln ist die schönste Form, anderen die Zähne zu zeigen“

«unbekannt»

Oder wie es Arthur Lassen einmal beschrieb: *»Das Lächeln ist die kürzeste Verbindung zwischen zwei Menschen.«* L.m.a.a. - lächle mehr als andere! Mit einem Lächeln im Gesicht fällt uns vieles leichter. Auch wenn du heute vielleicht überhaupt keine Lust hast, zu lächeln: *»Lächle und spüre die wundersame Wirkung, sie ist wie Balsam für deine Seele«*

Man hat herausgefunden, dass Lächeln mehr als 50% weniger Muskeln beansprucht, als das Schneiden einer ernsten, strengen Grimasse.

Entscheide dich: *»Willst du dich schlecht fühlen und erst noch den grösseren „Krampf“ haben, oder willst du dich kraftvoll, motiviert und gut fühlen?«* Mache heute folgenden Test: *»Lächle so oft wie möglich. Lächle andere Menschen an und beobachte, was zurückkommt!«* In den meisten Fällen erntest du genauso ein liebevolles Lächeln. Und wenn jemand damit nicht umgehen kann, ist das sein Problem, nicht deines.

„ich liebe den Umgang mit Menschen, die Menschen lieben den Umgang mit mir"

«Hans Peter Zimmermann»

Hast du mit Menschen zu tun? Bist du als Führungskraft tätig? Ist Verkaufen dein Metier? Dann mache diesen Test. Es ist erstaunlich, wie diese wenigen Worte, wenn sie tief verankert sind, ein ganzes Leben verändern können!
Als ich diesen Satz während Monaten, täglich über 300-mal, laut vor mich hinsprach und mir dabei fast auf die Zunge biss, begann sich Wundersames zu ereignen. Ich war viel besser drauf, die Menschen begegneten mir aufgeschlossener und offener, ich war willkommen und bekam Termine mit erstaunlicher Leichtigkeit, ich verdoppelte meine Verkaufsabschlussquote – und heute habe ich einen der schönsten und spannendsten Berufe der Welt: *»Ich darf Menschen entwickeln helfen.«*
Allein wegen diesem Satz? Wer weiss? *»Was du ausstrahlst, strahlt zurück!«* Entscheide selber.

„ich kann es... ich schaffe es... ich bin Spitze“

«autosuggestive Power-Credos»

Hast du dich schon einmal gefragt, was das soll, wenn die Japaner jeden Morgen ihr Gejohle und Gehüpfe zelebrieren oder was bei den Rugbymannschaften abläuft, wenn sie einen „wilden Haufen“ bilden und ihre Schlachtrufe brüllen? Sie bringen sich in Stimmung und powern sich hoch!

Und kannst du mir einen vernünftigen Grund nennen, warum dies bei dir nicht auch funktionieren soll?

Die Antwort der Verlierer lautet: *»Ja, aber, ich kann doch nicht, was würden denn die anderen sagen...«*

Die Antwort der Sieger jedoch: *»Warum nicht...!«*

Teste es selbst und entscheide erst dann...

Die Übung geht folgendermassen: *»Atme tief ein, lächle und dann sage laut und mit erhobenen Armen „jaaaa, ich kann es, ich schaffe es, ich bin Spitzeeee!“«* und das Ganze noch 10mal... Und wenn du die Wirkung noch steigern willst, tue es mit (d)einem ganzen Team. *»Was sind wir?.... Spiiiitzeeee!«*

„werde vom «Yes-butter» zum «Why-notter»! "

«Klaus Kobjoll»

Lange bevor sie sich wirklich offenbaren und ihre Grundeinstellung zum Ausdruck kommt, kannst du sie bereits an ihren Worten erkennen! Die Siegertypen sagen: *»Warum nicht...«* ...und in ihrer Antwort schwingt die Chance mit, einen gangbaren Weg zu finden. Sie suchen nach Lösungen!
Die Verlierer meinen: *»Ja, aber...«* ...und ihr „Aber" wirkt oft wie ein Hammerschlag. Achte dich einmal: Entschuldigungen, Ausreden und Einwände beginnen (fast) immer mit einem „Aber".
Entscheide dich jetzt: *»Willst du in deinem Leben etwas ändern, einen neuen Weg einschlagen, Ziele erreichen, Wünsche und Träume wahr werden lassen? Oder willst du beweisen, warum dies gerade bei dir nicht funktioniert?*
Willst du erfolgreich sein oder recht haben?«
Werde auch du vom „Yes-butter" zum „Why-notter", dir, deinen Wünschen und deinen Träumen zuliebe!

Er ist der vornehmste aller Steine. Er kann nur mit seinem eigenen Pulver geritzt werden, in keiner Hitze geschmolzen noch durch eine Flüssigkeit gelöst werden. Nur das heftigste künstliche Feuer verwandelt ihn endlich vollständig in farblose Luft welche dieselbe ist, die der Most beim Übergange zum Wein entwickelt. Kohlenstoff

Endlich liegen sie da - die rohen Diamanten, entdeckt, geschürft, bereit durch kundige Hände zum Leben zu erwachen. Welch‘ wertvoller „Gewinner“ sich wohl unter der rauhen Oberfläche verbirgt?

„Verlierer sagen: Ich versuche es"

«Franz X. Bühler»

Du musst es nicht versuchen, du musst es ganz einfach tun! Im Wort „versuchen" schwingt bereits unterschwellig die offene Hintertüre mit: *»Ich habe es versucht, es ist nicht gelungen«* – um dann entnervt aufzugeben.

Was ist nicht gelungen? Gar nichts ist misslungen! Es ist lediglich ein Resultat eingetroffen, das du nicht erwartet hast oder so nicht wolltest.

Oder hast du gar gesagt: *»Das habe ich befürchtet?«*

Na toll, dann hast du bereits vorweg eine Erwartung geschürt, wie du es nicht haben wolltest!

Du brauchst dich vor rein gar nichts zu fürchten, wenn du die Ergebnisse einfach als das nehmen kannst, was sie sind: *»Resultate!«*

Die Gewinnertypen sagen: *»Ich tue es!«* und wenn ihnen das Resultat nicht gefällt, dann tun sie es wieder, nur diesmal anders, denn sie haben gelernt, wie es nicht geht. Wie heisst also ab heute dein Motto, das dich weiterbringt? *»Ja, ich tue es!«*

„keine Zeit, um Seminare zu besuchen, Bücher zu lesen, dich weiterzubilden?“

«unbekannt»

Lies folgende Geschichte:
»Ein Wanderer trifft auf einen Holzfäller, der gerade versucht, einen Baum zu fällen. Seine Säge ist total stumpf und er kommt kaum voran. *„Schärfe doch dein Sägeblatt, dann kannst du besser sägen und kommst viel schneller voran“,* meint der Wanderer. Darauf erwidert der Holzfäller: *„Dazu hab‘ ich keine Zeit – ich muss sägen...“«* Wann, wie und womit schärfst du dein „Sägeblatt“? Wann gönnst du dir die Zeit, dich weiterzubilden? Plane es jetzt ein und gehe den ersten Schritt - du weisst ja, innert 72 Stunden. Das kann ein Telefonat sein, mit dem du dich erkundigst und wichtige Informationen und Unterlagen beschaffst, ein spannendes Buch, das du bestellst, eine flippige Zeitschrift, die du kaufst, ein ehrliches Kompliment, das du bewusst machst.
Wann, wie und womit schärfst du dein „Sägeblatt“?

„die Freiheit, ein Spinner zu sein“

«unbekannt»

Viel zu oft geben wir uns täglich Mühe, den verschiedensten Erwartungen anderer gerecht zu werden, uns angestrengt so zu verhalten, wie „es“ sein muss? Dabei würden wir alle gerne einmal ausflippen, einfach so – ohne Grund – ein wenig spinnen und festgefahrene Regeln brechen...
Oft bremsen wir uns dabei leider immer wieder mit der alles zerstörenden Frage: *»Was würden denn die anderen dazu sagen?«* Weisst du was: *»Erstens würden viele Menschen gerne das Gleiche tun – und zweitens ist es völlig egal, was die anderen sagen oder meinen.«* Das ist deren Problem. Du darfst flippen und spinnen! Ja, ich fordere dich auf: *»Sei ab und zu ein Spinner!«* Die Leute werden es akzeptieren lernen. Mit der Zeit bekommst du sogar den unsichtbaren „Stempel“, ein Spinner zu sein. Das ist das Beste, was dir passieren kann! Ab jetzt kannst du diese neu gewonnene Freiheit ausleben, wann immer du willst, frei nach dem Motto: *»Dass dieser Spinner so etwas tut, ist ja klar.«* Ich auf jeden Fall geniesse die Freiheit, ein Spinner zu sein. Das einzige, was du dabei beachten solltest: Schaue, dass du damit niemandem schadest! (säen und ernten!)

„frage nur dann um Rat, wenn du auch bereit bist, ihn anzunehmen“

«Franz X. Bühler»

Viele Menschen fragen andere um Rat. Im Grunde suchen sie aber nur die Bestätigung, es selber richtig gemacht zu haben oder es sogar besser zu wissen.
Das ist, als ob du in ein volles Glas einfach weiter Wein hineinschütten würdest, obwohl es schon lange überläuft. Vergiss es! Es kann nichts aufnehmen.
Bevor du also jemanden um Rat angehst, frage dich:
»Bin ich offen und ehrlich an diesem Rat interessiert, bin ich bereit ihn anzunehmen und etwas zu verändern?«
Entleere dein Glas mit den vorgefassten Meinungen und bereite es vor für neue Inhalte.
Gross ist nicht, wer meint, alles selber zu können. Gross ist, wer weiss, dass er genauso „Schwächen“ hat wie alle anderen und bereit ist, dazuzulernen. Und noch grösser ist, wer weiss, dass er selbst in seinem stärksten Bereich noch von anderen dazu lernen kann, und ehrlich bereit ist, dies zu tun.

„was ist wichtiger, viel zu wissen oder es zu verstehen und leben?“

Gehörst du auch zu den ungeduldigen Suchenden und Sammlern? Den Menschen, die hoffnungsvoll Bücher verschlingen, sich Seminar für Seminar reinziehen, Ausbildungen absolvieren, Ratschläge noch und noch einholen, immer in der Hoffnung, endlich ihren grossen Knopf zu lösen? Ich wette mit dir, dass du die Antwort schon lange hast – in dir! Ich kenne eine Unzahl Menschen, die über ein beeindruckend grosses und breites Wissen verfügen. Leider haben sie es nur im Kopf und nicht im Herzen! Sie haben es zwar gespeichert, aber nicht verstanden. Und wenn sie es endlich verstanden haben, sind sie erst einen Schritt weiter, dann heisst es nämlich: *»leben!«* Zu wissen wie etwas funktioniert, nützt überhaupt nichts. Du musst es in dein faszinierendes Leben einbauen, es muss zu einem Teil von dir werden und täglich dein Leben mitgestalten. Folgende Fragen können dir dabei helfen: *»Was bedeutet dieses Wissen für mich? Wie und wo kann ich es in meinem Leben zur Wirkung bringen? Was ist der tiefere Sinn dahinter?«*

II.

das grösste Warenhaus für Projekte, Ziele, Wünsche und Träume

„träume dein Leben,

lebe deinen Traum"

«unbekannt»

Um aber dein Traumleben zu führen, musst du es erst einmal träumen, darum heisst es ja „Traumleben"! Wann hast du das letzte Mal geträumt? Nicht in der Nacht, nein, ich meine „tag-geträumt" und auf Wolke sieben geschwebt, dir deine Welt rosarot und himmelblau ausgedacht?

Du solltest viel öfters träumen. Darin liegen mehr kraftvolle Ressourcen versteckt, als du glauben kannst. Lege gleich heute Abend ein entspannendes Musikstück auf, setze dich hin und mache es dir bequem. Schliesse deine Augen und stelle dir vor, was du alles tun würdest, wenn es nicht auf das Geld ankäme, deine Existenz vollkommen gesichert wäre und du von den Zinsen leben könntest. Deine langersehnte Weltreise hast du hinter dir und du möchtest nur noch den ganzen Tag Spass und Freude aus dem gewinnen, was du gerade tust. Was würdest du tun?

„das grösste Warenhaus?

das Universum!“

«Bärbel Moor»

Es gibt nur ein „Warenhaus“, in dem du wirklich alles bestellen kannst, was du dir wünschst: *»Das Universum!«* Da kannst du bestellen, was dein Herz begehrt und wenn du es richtig machst, wird sogar geliefert.
Eines solltest du aber unbedingt beachten: *»Eine Bestellung muss klar und eindeutig sein, sonst ist es für die fleissigen Wesen in der Spedition schwierig, dir das Richtige zu liefern.«*
Es interessiert sie auch nicht, was du nicht möchtest, sie wollen nur wissen, was du dir wünschst!
»Das ist doch klar« meinst du? Dann höre einmal den Menschen zu, wenn sie „bestellen“. Die meisten erzählen immer nur, was sie nicht wollen. Sie wollen keine Schulden, keine unfolgsamen Kinder, keinen solchen Scheissjob, keinen bösen Mann, keine unzuverlässige Sekretärin, keine schlecht zahlenden Kunden. Sie bestellen also präzise das, was sie nicht möchten. Wenn du genau weisst, was du willst, schreibe es auf und „sende“ es weg. Aber bitte genug frankieren, damit es wirklich ankommt. Frankieren? Mit Gefühlen wie Freude und Begeisterung aufladen!

„bestellen im Universum...

Lektion 2“

«Franz X. Bühler»

Du kannst selbstverständlich und sicherheitshalber deine Bestellung mehrere Male aufgeben. Das würde es zwar nicht brauchen, wenn du von Anfang an genug Porto auf den Brief „geklebt“ hast! Jeden Tag dauernd zu bestellen ist, als ob du deine Bestellung weiter mit herumträgst, sie aber nie wegsenden würdest! Loslassen heisst das Zauberwort.

Fassen wir kurz zusammen:

1. Deine Bestellung muss richtig formuliert sein.
2. Es braucht genug Porto.
   (Power, Freude, Begeisterung, Motivation)
3. Stell‘ dir vor, wie es aussieht, wenn du die Lieferung selber in Empfang nimmst.
4. Lasse los, vergiss die Bestellung, du hast jetzt genug zu tun, um die Lieferrampe zu bauen. (arbeite auf das Ziel hin, arbeite an dir, an deinen Resonanzen und Programmen)

„ein Wunsch allein genügt nicht“

«Franz X. Bühler»

Es muss tief in dir drin das brennende Verlangen sein, etwas zu verändern. Der Antrieb dafür kommt wie immer aus deinem Unterbewusstsein. Es wird nicht reichen, dir einfach nur zu wünschen, dass dein Unterbewusstsein eine andere Melodie spielt! Du musst zuerst eine andere CD einlegen und beginnen, so zu denken und zu handeln!
Es genügt nicht, reich sein zu wollen. Du musst dein Verhalten ändern, um reich zu werden. Es genügt nicht, klug und gebildet sein zu wollen. Du musst beginnen, dich weiterzubilden, zu lesen und Kurse zu besuchen. Es reicht nicht, liebevoll sein zu wollen. Du musst beginnen, liebevoll zu denken, dich selbst zu lieben, in anderen Menschen das Liebenswerte zu entdecken.
Dein Wunsch ist der Samen.
Pflegen und grossziehen musst du ihn selber!

„die Qualität deiner Ziele bestimmt die Qualität deiner Zukunft“

«Klaus Kobjoll»

Hast du nur kleine, kaum erwähnenswerte Ziele? Oder bist du vor lauter todsicheren Erfolgsstrategien mittlerweile desillusioniert, kraft- und saftlos, weil das sowieso nur bei anderen zu funktionieren scheint? Schade, denn ich versichere dir, du verpasst etwas vom Schönsten und Erregendsten im Leben: *»Das Setzen und Erreichen persönlicher Ziele und die damit verbundenen, unbeschreiblich schönen, Gefühle.«*
Erinnerst du dich, als du laufen lerntest, an deine ersten, zaghaften und tapsigen Schritte, die von Tag zu Tag grösser und sicherer wurden?
Genauso ist es mit den Zielen. Fange klein an. Überlege dir zuvor, in welche Traumrichtung sie dich führen sollen – und dann übe, übe und übe! Ziele sind Resonanzmuster, die du in deinem Unterbewusstsein speicherst. Hast du kleine Ziele, geschehen kleine Dinge. Hast du grosse Ziele, können grosse Dinge geschehen. So einfach ist das! Aber „tun“ musst du es!

„Projekte, Ziele?

erst warum,

dann wie und womit?“

«unbekannt»

Du willst etwas anpacken und verwirklichen, hast Projekte, Wünsche, Träume und Ziele? Gut!
Dann frage dich als erstes: *»Warum? Warum willst du, dass dir das gelingt? Was hast du davon? Welches Gefühl kommt auf, wenn du dir vorstellst, dass es bereits gelungen ist?«*
Die Frage nach dem „Warum“ zeigt dir, wie stark deine Motivation heute bereits ist, dieses Ziel zu erreichen. Sie ist die unersetzbare Kraft, die du auf deinem spannenden Weg brauchst. Manchmal triffst du auf Stolpersteine und andere Hürden. Dann wirst du die Kraft der Motivation benötigen, um zielgerichtet weiter zu gehen.
Motivation hat eine ihrer Wurzeln in den Antworten auf das „Warum“! Erst wenn du definitiv und klar weisst, warum dir dieses Ziel so wichtig ist, stelle dir die Fragen: *»Wie und womit kommst du sicher ans Ziel?«*

„bist auch du Mister- oder Miss-95%?"

«Franz X. Bühler»

Als ich noch im Verkauf hochkomplexer, elektronischer Messgeräte aktiv war, geschah etwas ganz Besonderes. Egal, wie hoch mein Chef das Budget ansetzte: *»Ich erreichte immer 95%!«* Das gab mir zu denken. Heute weiss ich, dass es mein Selbstvertrauen und Selbstbewusstsein waren, welche mich nur zu Leistungen führten, die immer knapp unter dem Ziel lagen. Ich fühlte mich selber nicht gut genug, 100% zu leisten. Ich doch nicht...!?

Seitdem ich dies erkannte, lege ich meine Ziele so fest, dass die 95% immer noch mindestens 20% höher liegen als das Resultat des Vorjahres und plane sorgfältig, um es wirklich zu erreichen. So steigere ich die Leistungen konstant. Und was ganz wichtig ist: *»Ich lernte auch an 95% Freude zu haben, denn die sind genau so wertvoll – und ich auch!«* Manchmal musst du nur deine „Programme" ein wenig zu überlisten wissen und schon geht's viel leichter.

„das Erfolgsrad,

dein Zielprogrammierer“

«abgeleitet von einer tibetanischen Gebetsmühle durch Franz X. Bühler»

Du hast ein Ziel, einen Wunsch, einen Traum? Gut. Dann schreibe jetzt alles auf, über was du zu dessen Gelingen bereits heute verfügst und was aktiv dazu beitragen kann: *»Fähigkeiten, Umfeld, Wissen, Eigenschaften, Geld, Partner, Menschen, Bücher, besuchte Seminare und Trainings, Einrichtungen, usw.«*
Dann zeichnest du ein Rad mit einer grossen Nabe in der Mitte. In die Nabe hinein schreibst du dein Ziel. Die Speichen sind die oben aufgeführten Eigenschaften und Fähigkeiten usw. Male es richtig frech und poppig aus. Je abwechslungsreicher und knalliger, desto besser! Dann klebst du es auf ein Stück Karton, schneidest es aus und montierst in seiner Mitte eine kleine Welle. Jetzt steckst du es irgendwo ein, wo es sich mühelos drehen lässt. Mach's dir gemütlich, betrachte konzentriert dein quirliges Rad und entschwebe mit ihm in die zauberhafte Welt deiner Wünsche. Wenn du jetzt noch deine Lieblingsmusik spielst oder singst, vertieft es sich noch intensiver in deinem Unterbewusstsein, deinem Zielprogrammierer!

III.

Erfolgswerkzeuge, leicht, einfach und wirkungsvoll

Kennst du die Geschichte der jungen Katze, die aufgeregt ihrem Schwanz nachjagte und sich immer im Kreis drehte? Eines Tages kam eine ältere Katze dazu und fragte: *»Was tust du da?«* Die Junge meinte: *»Weisst du, ich war auf der Katzen-Philosophie-Schule und wir lernten, dass Glück und Erfolg von uns Katzen im Schwanz zuhause sind. Wenn ich also lange genug meinem Schwanz nachjage, packe ich mein Glück eines Tages.«* Dazu meinte die ältere Katze. *»Das ist interessant. Ich war auf keiner solchen Schule, ich habe aber bemerkt, dass mir mein Glück folgt, wenn ich geradeaus in Richtung meiner Träume schreite!«*
Und die Moral von der Geschicht':
»Du brauchst deinem Glück und Erfolg nicht nachzujagen. Tue das, was du ganz gut kannst, wovon du träumst, folge deinem Inneren, schreite vertrauensvoll in Richtung deiner Wünsche, Träume und Ziele und dein Glück und Erfolg folgen dir nach!«

„das Rezept für Resultate“

«Franz X. Bühler»

- desaktiviere deine ablenkenden Resonanzen... *(entspanne dich, schliesse deine Alltagsschubladen...)*
- aktiviere deinen Power *(hebe deine Stimmung, deine Energie...)*
- aktiviere deine Zielresonanzen... *(hole dir deine Zielbilder ins Gedächtnis...)*
- konzentriere dich voll und ganz... *(tue nur das, was dir jetzt wichtig ist, womit du vorwärts kommen willst...)*
- schalte alle 60 Minuten eine Loslass-Phase von 10 Minuten ein *(stehe auf, tue etwas anderes, gönne dir einen Tee, Kaffee oder ein Glas Wasser).*

Jetzt geht es Schritt für Schritt – Stufe für Stufe – nach einem genau vorgegebenen, bewährten Plan in Richtung „erfolgreiches Freilegen des wertvollen Schatzes.

„die 7 Stufen zum Erfolg"

«Franz X. Bühler»

Wer sucht es nicht, das wirkungsvolle Rezept, das sich für wirklich alle Projekte des Lebens, von der Liebe, Partnerschaft, übers Geschäft bis hin zum Geld, einsetzen lässt? Jetzt hast du es gefunden!
Ich garantiere dir: *»Wenn du es Schritt für Schritt befolgst, wirst du Erfolge feiern, die dir noch gestern unerreichbar schienen.«*
Ich warne dich aber:
»Vom Lesen und Wissen allein geschieht noch gar nichts – du musst es schon „kochen"!«

Und so funktioniert es...

1. IST-Analyse ...wo stehst du?
2. Ziel ...wohin willst du?
3. Planung ...wie kommst du dahin?
4. Training ...was brauchst du noch dazu?
5. Arbeiten ...vom Wissen zum TUN!
6. Kontrolle ...wo bin ich auf dem Weg?
7. loslassen ...Erfolgsverhinderer ausschalten!

„die 7 Stufen zum Erfolg

heute: die IST-Analyse“

Frage: Wie willst du deinen Segeltörn planen, wenn du nicht weisst, in welchem Hafen dein Schiff gerade vor Anker liegt? Wie willst du deinen Erfolgskurs festlegen, wenn du nicht exakt weisst, wo du gerade stehst? Vergiss es, du hast keine Chance! Jeder Schritt kann dich näher oder weiter weg vom Ziel führen. Du weisst es schlicht und einfach nicht!
Die Schlüsselfrage lautet: *»Wo stehst du ganz genau? Finanziell? Familiär? Beruflich? Fähigkeiten? Baust du regelmässig deine mentalen Bremsen ab? Setzt du dir regelmässig Tagesziele, die dich in Richtung deiner begeisternden Ziele führen? Arbeitest du gerne? Kannst du loslassen? Bist du oft zornig, neidisch? Machst du dir Sorgen? Hast du öfters Angst vor der Zukunft? Bist du ehrlich, ausdauernd, diszipliniert, voller Lebensfreude und Begeisterung? Denkst du positiv und zielgerichtet? Entscheidest du dich gerne und schnell? Schläfst du immer genug? Kannst du dich bestens konzentrieren? Vertraust du dir und den anderen? Bist du ein Organisationstalent, liebevoll, ausgeglichen, gesund?«*
Erweitere obige Frageliste in Bezug auf deine Ziele!

„die 7 Stufen zum Erfolg

heute: mein(e) Ziel(e)“

Da du nun weisst, in welchem Hafen dein Lebenschiff vor Anker liegt, kannst du weiterfahren. Jetzt heisst es: *»Wohin soll dich die Reise führen? Was willst du ganz genau? Was willst du erreichen? Was ist dein Ziel?«* Im Kapitel „SMART“ erfährst du mehr darüber, wie Ziele formuliert sein müssen, damit deine Chancen am grössten sind!
Und dann tue jetzt gleich etwas für deine Motivation. Sie ist das Feuer, das du ständig anfachen musst, damit du unterwegs die Kraft hast, auch heftigen Stürmen zu trotzen! Und dann stelle dir vor, wie es aussieht, wenn du an deinem Ziel angekommen bist. Und ganz wichtig: *»Sieh dich selbst in diesem Film! Wer teilt mit dir diese Freude? Woran erkennst du, dass du dein Ziel erreicht hast? Wie fühlt es sich an? Was hörst du, was andere zu dir sagen?«* Spüre jetzt schon die Freude, dein Ziel erreicht zu haben!
Wie gross Ziele sein sollen? Ganz einfach:
»Stecke dir grosse Ziele, denn da ist viel Power!« Kleine verlieren wir nur allzu oft aus den Augen, wenn die ersten Hindernisse auftauchen. Unterteile dein Ziel in viele, kleine Etappen. Faustregel: *»Zwischenziele sollst du innert drei Tagen erreichen können«*

„die 7 Stufen zum Erfolg

heute: planen"

Jetzt, wo du weisst, in welchem Hafen deine Yacht vor Anker liegt, die Sehnsucht nach der Ferne in dir zu brodeln beginnt und wie weit dein Lebensschiff bereits gerüstet ist, steht bereits das nächste Duell an: *»Deine Motivation gegen deine Trägheit!«*
Muss das alles sein? Geht es nicht einfacher?
Willst du nun oder willst du nicht? Du willst? Ok, dann geht es jetzt ans Planen. Dazu helfen dir folgende Fragen: *»Was brauchst du noch, um zu deinem Ziel zu kommen? Materiell? Wissen? Beziehungen? Fähigkeiten? Einrichtungen? usw. Wie und womit genau gedenkst du, dahin zu kommen? Was könnte dir helfen, dein wundervolles Ziel schneller zu erreichen? Welche Aktivitäten bringen dich jeden Tag einen Schritt näher zu deinen Zielen? Was ist wann – wie wichtig? (Prioritätenliste) Wen musst du in dieser Sache noch kontaktieren? Was musst du noch wissen, um deine Planung sorgfältig durchzuführen? Welche Zwischenziele willst du erreichen? Womit belohnst du dich beim Erreichen dieser Zwischenziele und des Endzieles?«*
Am besten legst du einen handlichen „Reiseordner" an. Auf jede Seite schreibst du eine der obigen Fragen und dann: *»Los und viel Spass.«*

„die 7 Stufen zum Erfolg

heute: trainieren"

Wenn dein Ziel so gross ist, dass es dir heute noch wie ein unüberwindlicher Berg vorkommt, brauchst du wahrscheinlich noch ein paar Fähigkeiten, die trainiert sein wollen. Du gehst kaum auf eine Himalaja-Tour ohne entsprechende, leichtere Routen als Training vorab bewältigt zu haben. Oder?
Deshalb: *»Was musst du dir noch aneignen, wissen, können, um dein Ziel sicher zu erreichen und wann auf deinem Weg brauchst du diese Fähigkeiten?*
Welche Überzeugungen brauchst du, um diszipliniert durchzuhalten und welche Suggestionen helfen dir dabei?«
Steht deine Liste? Na dann los! Ich gratuliere dir, du hast eine weitere Hürde genommen, um dein Schiff sicher, auch durch heftige Stürme, in den gelobten Zielhafen zu steuern. Damit dein hartes Training von Tag zu Tag noch mehr Spass macht, findest du hier eine weitere Idee, um den Anreiz für dich unwiderstehlich, ja, geradezu magnetisch zu machen: *Erstelle eine Ziel-Collage mit Bildern, die dein begeisterndes Ziel beinhalten. Schreibe den entsprechenden Zieltitel oben drauf und „ziehe" dir dieses Bild jeden Tag ein paar mal ganz kurz rein!«*

„die 7 Stufen zum Erfolg

heute: arbeiten“

Was jetzt kommt, muss sein. Es gehört dazu wie der Weg zum Ziel; mal beschwerlich, mal motivierend, mal gehst du ihn summend, ein ander Mal schleppend, kriechend, wankend oder mühselig kletternd.
Jetzt heisst es arbeiten, umsetzen, deiner Vision Leben einhauchen und Schritt für Schritt konsequent deinen Weg zu gehen!
Wie du bereits weisst, ist es äusserst hilfreich, wenn du deine Reise in kleine Schritte einteilst. Schritte, die du innert drei Tagen, oder in noch kürzerer Zeit, erledigen kannst. Warum? Weil mit jedem vollbrachten Schritt deine Motivation wächst. Sie ist das Feuer, das dich unterwegs wärmt, wenn es mal frostig wird und sie ist dein Kraftwerk, wenn dir mal dein Power auszugehen droht.
Ein weiterer, triftiger Grund, keine starren Zeitstufen einzuplanen ist: *»Feste Zeitvorgaben bremsen, schränken ein und verhindern, dass du wirklich loslassen kannst. Sie demontieren deine Motivation, wenn du einmal nicht „in Time“ bist. Besser ist es, ohne fixe Zeitstufen, dafür total motiviert und voller Tatkraft richtig durchzustarten.«* Oft erreichst du dadurch grosse Ziele in einem Drittel der geplanten Zeit!

„die 7 Stufen zum Erfolg

heute: kontrollieren, belohnen"

Wusstest du, dass sich nur ca. 3% der Menschen als wirklich erfolgreich bezeichnen? Du hast es bis hierhin geschafft. Das beweist: *»Du hast das Rüstzeug, dazu zu gehören.«* Herzlich willkommen auf deiner nächsten Erfolgsstufe!

Auf dieser Seite sollst du gleich zwei Werkzeuge kennenlernen. Das erste ist dein wichtigstes Navigationsinstrument und das zweite - lass' dich überraschen - ist sozusagen dein psychologisches Dynamit!

Zum Ersten...

Deine Zwischenziele, wie auch das Endziel, müssen klar kontrollier- und messbar sein! Die Frage, die dir dabei helfen kann, lautet: *»Woran erkennst du, dass du wieder einen Schritt weitergekommen bist; die nächste Aufgabe auf dem Weg erledigt hast oder sogar schon am Ziel angekommen bist?«*

Kontrolliere täglich, wo du dich auf deinem Weg befindest.

Das Zweite – dein Dynamit...

Belohne dich für jede grössere, erreichte Stufe (denke an die 3-Tagesaufgaben!) und setze die Belohnungen dafür bereits heute fest! So arbeitet dein Unterbewusstsein von Belohnung zu Belohnung. Teste es und du wirst staunen!

„die 7 Stufen zum Erfolg

heute: loslassen“

»Du musst halt einfach loslassen...« ...lautet der oft genannte, stereotype Ratschlag. Leider ist dies fast immer nur ein weiterer „Schlag“, im wahrsten Sinne des Wortes.
»Als ob ich das nicht selber wüsste! – Wie soll ich denn loslassen können, wenn die Schulden drücken und mich die Gläubiger täglich schmerzhaft daran erinnern? Wie kann ich loslassen und gesund werden, wenn mir die Krankheit jeden Tag zeigt, dass ich immer noch schwach und energielos bin? Wie kann ich ein Ziel loslassen, wenn ich voller Energie darauf zusteuere und sogar noch täglich messen soll?«
»Lasse los vom Ankommen müssen, sei in Gedanken schon am Ziel angekommen! Gib deine Bestellung im Universum auf und vergiss sie – bis zum nächsten Mal. Etwas erkämpfen und erzwingen zu wollen heisst, sich verkrampfen, es festhalten.«
Du bist auch dann ok, wenn du das Ziel nur zu 90% erreichst – und wenn es gross genug war, bist du immer noch allen anderen weit voraus!
Genauso war es mit diesem Buch. Jede Seite war ein weiterer Schritt, ein kleiner Erfolg!
Weitere Ideen zum Loslassen findest du Seite 157.

„Ziele abchecken nach SMART"

«Tad James»

Tad James Formel „SMART" ist simpel und genial einfach, um Ziele, Wünsche und Träume abzuchecken. Setze jetzt gleich einen Teil deiner Zeit dafür ein. Es ist eine deiner lohnendsten Investitionen und wird sich 10-, ja 100-fach auszahlen!

S	=	spezifisch und klar...	*(woran erkennst du, dass dein Ziel erreicht ist?)*
M	=	messbar...	*(wie und woran erkennst du, dass du deinem Ziel näher kommst, am Ziel angekommen bist?)*
A	=	als ob...	*(formuliere dein Ziel so, als ob es bereits erreicht wäre)*
R	=	realistisch...	*(dein Verstand muss glauben können, dass es möglich ist)*
T	=	timeless...	*(plane wenn immer möglich nur Erfolgsstufen, statt fixe Zeitstufen)*

„only what you measure get's improved"

«Patrick T. Robson – CEO einer Messgerätevermietungs-Gesellschaft»

Nur was du misst, kannst du wirklich verbessern. Kontrollierst du nicht regelmässig und aufmerksam wo du gerade stehst, erkennst du nicht, wenn du vom Weg abweichst. Ja, es entsteht oft sogar ein bremsender und erfolgshemmender Nebeneffekt: *»Es fehlt dir bald einmal die Motivation, das anspornende innere Feuer, da du nicht erkennst, dass dein Ziel täglich näherrückt!«*

Messen ist einer der wichtigsten Erfolgsfaktoren überhaupt! Jeder verantwortungsvolle Pilot kontrolliert dauernd seinen Kurs. Driftet er ab wegen Seitenwind, greift er korrigierend ein. Keinem Piloten der Welt kommt es in den Sinn, stur weiter zu fliegen und zum geplanten Zeitpunkt zu landen, egal, ob da eine Landepiste ist oder nicht.

Fazit: *»Messen gibt dir die Möglichkeit zu erkennen und notfalls zu korrigieren – und es erzeugt einen unschätzbaren, ja unbezahlbaren Zusatzeffekt: Kraft, Motivation und ein brennendes Verlangen!«*

„wenn dir die Dinge über den Kopf zu wachsen drohen“

«assoziiert und dissoziiert – eine Erkenntnis aus dem NLP»

Dann kann dir folgende Übung wirkungsvoll helfen. Schliesse deine Augen und hole das erdrückende Problem auf deinen Bildschirm, dein inneres Kino. Gehe jetzt direkt in diesen belastenden Film hinein und erlebe ihn mit allen unangenehmen Details und Facetten in Gedanken – ganz real – noch einmal. Dann klatschst du laut und fest in die Hände und verlässt in diesem Moment blitzartig diesen Film. Werde vom Erlebenden zum Beobachter! Stelle dir vor, du bist ein Vogel oder eine Fliege, welche dich selber aus 5-10m Distanz in dieser Situation gespannt beobachtet. Ganz wichtig ist: *»Sieh dich selbst in diesem Bild!«*
Verändere jetzt die Helligkeit, das Licht dieses Bildes so, dass dein Gefühl beim Betrachten immer neutraler und angenehmer wird. Das ist ganz leicht, denn du bist der Regisseur deiner Filme, deines Lebens.
Und jetzt stellst du folgende Frage:
»Wie kann dieser Mensch (du), dem du jetzt gerade zuschaust, sein Problem lösen?«

IV.

Erkenntnisse, wahr und alltagstauglich

„was positives Denken wirklich ist“

«Franz X. Bühler»

Frage andere Menschen, was sie unter „positivem Denken“ verstehen und der Grundtenor klingt fast immer nach Beschönigen von Ereignissen und dem Aufsetzen einer rosa Brille, frei nach dem Motto: *»Sieh mal, das Ganze hat doch auch eine positive Seite, du musst nur positiv denken, dann kommt es schon gut.«* Falsch!
Dies ist positives Denken im Sinne von „werten“. Das kann dir zwar im Moment ein besseres Gefühl vermitteln, grenzt aber mehr an krampfhaftes Verdrängen und macht krank. Du löst keine Probleme, in dem du sie verdrängst und beschönigst!
Das scheint auf den ersten Blick dem HUNA-Prinzip *„deine Welt-ist-das-was-du-von-ihr-denkst“* zu widersprechen. Tut es aber nicht.
Echtes positives Denken ist zielgerichtetes Denken! Du denkst an das, was du wirklich willst. Bei einem Ziel, Wunsch oder Traum heisst das, du denkst mit einer *„so-möchte-ich-es-haben“-Einstellung“* und nicht, was du nicht willst. Wie denkst du? Denke und es ist.

„dein Umfeld prägt deine Zukunft“

«Franz X. Bühler»

Ja, mehr noch, es ist sogar so, dass dein Umfeld grosse Chancen birgt, deine Zukunft zu werden. Du bist heute das, was du bist, aufgrund deiner genetischen Anlagen, der Erziehung, deinen Erfahrungen und Erlebnissen, der Schule, der Medienwahl, deiner Weiterbildung, Büchern, Fernsehen und Radio, der Kultur, in der du aufgewachsen und dem Umfeld, in dem du gross geworden bist.
All dies hat dich tief geprägt und geformt.
Passt dir dein „Heute“ nicht, kannst du es nur ändern, indem du neue, andere „Inputs“ für deinen Supercomputer, dein Gehirn, wählst.
Verändere dein Umfeld und deinen Umgang, wähle andere Medien und Weiterbildungen. Das führt dich zu anderen Erfahrungen, anderen Erlebnissen und anderen Menschen. Willst du zu den Gewinnern gehören, umgebe dich mit Gewinnern!
Das bedeutet nicht, dass du alle alten Zelte abbrechen sollst. Wähle klug und überlegt und dann gehe den Weg, konsequent mit Freude und Ausdauer.

„ich blickte zurück und sah, dass aus den Steinen auf meinem Weg die Treppe zum Erfolg geworden war“

«Franz X. Bühler»

Sicher, solange du unter dem Druck eines massiven Problems leidest, wirst du mit solchen Sprüchen nicht viel am Hut haben. Doch gerade obige, wundervolle Erkenntnis *(lies sie nochmals durch und lass‘ sie auf deiner Zunge zerschmelzen...)* kann dir genau in solchen Momenten den dringend benötigten, zusätzlichen Kick verschaffen, den Stier endlich bei den Hörnern zu packen und die Herausforderung kraftvoll anzugehen. Aus jedem Resultat, manche nennen es Fehler, können wir lernen. Dumm ist nicht, wer Fehler macht, dumm ist, wer dieselben Fehler wiederholt.
Ein kluger Mann hat einmal gesagt: *»Willst du deinen Erfolg verdoppeln, verdopple deine Fehlerquote!«*
Darum schau‘ jetzt gleich einmal liebevoll, weise erkennend, zurück und frage dich: *»Was ist aus deinem grössten Fehler geworden? Was hast du daraus gelernt? Was hat sich dadurch positiv verändert?«*

„Begeisterung ist eine der höchstbezahlten Eigenschaften der Welt"

«Franz X. Bühler»

Das ganze Leben ist eine Form von Verkaufen. Ob du erziehst, dem Partner eine Idee „verkaufst", dem Chef deine Lohnerhöhung schmackhaft machen willst, einem Kunden ein Produkt empfiehlst, immer ist es „Verkaufen."

Wem würdest du eher etwas abkaufen, einem griesgrämigen, demotivierten, negativ sprechenden Verkäufer oder einem motivierten, aufgestellten, strahlenden und begeisterten?

Erstelle jetzt (d)eine Liste mit 30 Dingen, die dich begeistern! Schreibe auf, sammle Fotos über alles, was dir Freude und Spass macht. Da gehören die kleinen Dinge des Alltags genauso drauf wie die grossen Ereignisse. Und dann schaue, wie du dich nach 20 Minuten fühlst! Begeistere dich jetzt für dich, fürs Leben, deine Aufgaben, deine Partnerin, deinen Partner und tue alles, was du anpackst mit Begeisterung. Es zahlt sich tausendfach aus!

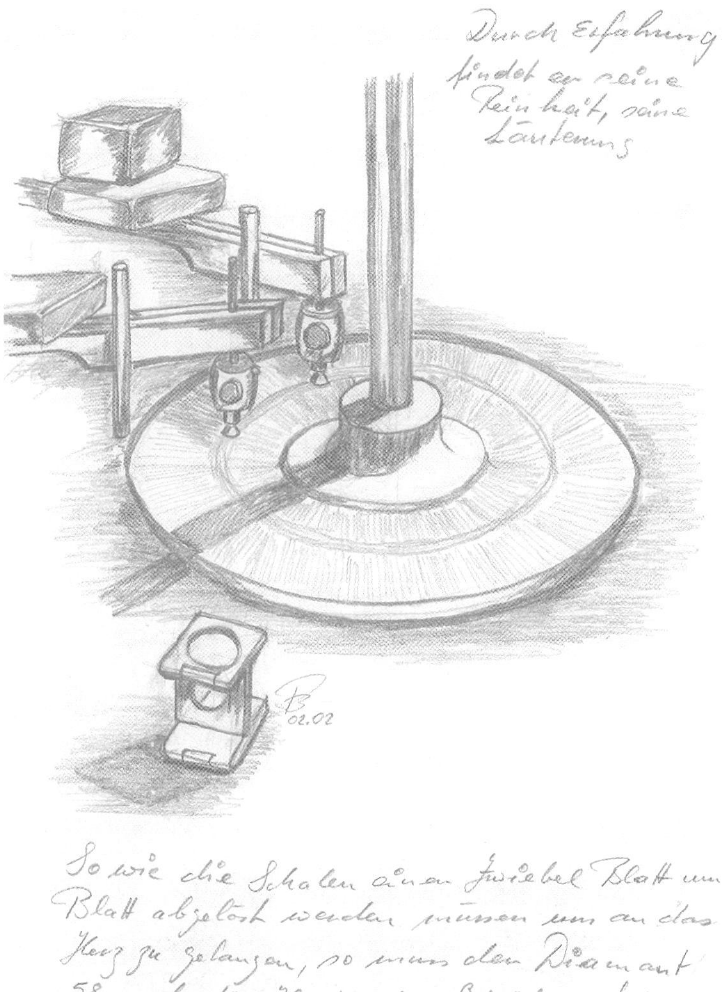

In liebevoller, ausdauernder Feinstarbeit wird jetzt der Diamant geschliffen, um stündlich mehr und mehr seines funkelnden, wertvollen Kerns freizugeben.

„wie oben – so unten, wie innen – so aussen"

«Hermes»

Wie du denkst, so handelst du. Wie es in dir aussieht, gestaltet sich deine Welt, dein ganzes Leben. Gibt es Dinge, die du in deinem Leben anders haben möchtest? Statt ätzend, zerfressend, unentschlossen und schleichend vielleicht lieber fesselnd und spannend, angetrieben von einer vor Aufregung zitternden Sehnsucht? Dann musst du heute beginnen, anders zu denken und zu handeln.
Die wahre Geschichte: *»Da war ein Mensch, in dessen Büro sah es aus wie in seinem Kopf – total chaotisch! Er flippte von einer Idee, von einem Gedanken zum anderen, war dauernd hin und her gerissen und kam zu keinem rechten Resultat. Erst als er aufzuräumen begann, änderte sich auch seine Situation.«*

»Räume aussen auf - und dein „Innen" wird folgen. Räume innen auf - und dein „Aussen" wird folgen. Egal, wo du anfängst, räume auf und es wirkt!«

„nichts auf der Welt ist so mächtig wie eine Idee, deren Zeit gekommen ist“

«unbekannt»

Kein Mensch kann eine Idee aufhalten, wenn die Zeit dafür reif ist. Die Frage ist nur: *»Wann ist das?«* Gegenfrage: *»Warum ist das so wichtig?«*
Hattest du auch schon mal das Gefühl, mit deinen Ideen der Zeit weit voraus zu sein? Und hast du deswegen vielleicht sogar Geld verloren, weil du zu früh den Menschen etwas „aufs Auge drücken“ wolltest? Hast du dann aufgegeben und dich Jahre später darüber geärgert, dass andere mit „deiner“ Idee reich wurden? Schade!
Dir ist nur ein einziger Fehler unterlaufen: *»Du hast den Zeitvorsprung nicht genutzt und wolltest etwas erzwingen!«* Gerade weil du weit voraus warst, hättest du alle Zeit der Welt gehabt, an deiner Idee weiter zu arbeiten, sie noch besser und perfekter vorzubereiten. Im richtigen Augenblick wärst du damit allen die berühmte, gewinnbringende Nasenlänge – oder mehr – voraus gewesen!

„Stärken oder Schwächen, was ist wichtiger?“

«Franz X. Bühler»

Die meisten Menschen sind der irren Meinung, erst dann erfolgreich sein zu können, wenn sie ihre Schwächen ausgemerzt haben. Falsch!
Wieviel Energie brauchst du, um eine deiner Schwächen nur einigermassen zu stärken? Und wenn du es geschafft hast, hart gearbeitet, eine weitere Schwäche zur Vergangenheit gehört, fühlst du dich dann topfit und in diesem Bereich zu weltmeisterlichen Leistungen befähigt? Kaum...
Die Stärken sind der Stoff, aus dem die Champions geschnitzt werden! Wer seine Stärken lebt und täglich ausbaut, braucht sich auch materiell keine Sorgen zu machen. Nimm‘ den Michael Schumacher. Er liebt das Autofahren, das kann er und das tut er - oder Thomas Gottschalk, der gut reden und schlecht zuhören kann. Muss einer der beiden sich Sorgen wegen seinem Einkommen machen?
Es gibt immer Menschen die gerade über das als Stärke verfügen, was du bei dir als Schwäche bezeichnest. Finde sie, delegiere diese Aufgaben und tue das, worin du stark bist!

„Entscheiden ist eine der Kernfähigkeiten erfolgreicher Menschen“

«Franz X. Bühler»

Ob du willst oder nicht: *»Irgendwann musst du dich in allen Dingen entscheiden, sonst tun es andere für dich.«* Möchtest du das?
Stelle dir vor, du stehst an einer Wegverzweigung und bist noch nicht ganz sicher, welcher Weg der richtige ist. Dann breite die Fakten auf dem Tisch aus, wäge ab und entscheide! Egal wie du dich entscheidest, es führen alle Wege zum Ziel. Der eine vielleicht über einen holprigen Umweg. Auf diesem kannst du gleich weitere, wertvolle Erfahrungen sammeln, die dir bestimmt später wieder von Nutzen sind, denn Erfahrungen sind die Schätze der Erfolgreichen!
Wer sich nicht entscheidet, bleibt an der Verzweigung stehen und da steht er heute noch... (*smile)
Den Entscheidern und nicht den Zögerern gehört die Welt! Vorsatz: *»Das nächste Mal entscheide ich im Restaurant innert 30 Sekunden, was ich essen will!«*

„wenn andere Menschen Botschafter und Spiegel wären“

«Franz X. Bühler»

Botschafter und Spiegel, das ist doch rein esoterisches Gefasel, oder? Sicher? Die Wissenschaft der Physik beweist heute klar: *»Alles ist eine Form von Energie, von Schwingung.«* Es kann in dir nichts anklingen, wenn nicht eine entsprechende „Stimmgabel“ vorhanden ist.

Die meisten Esoteriker meinen allerdings, der andere sei dein absoluter Spiegel und damit ein klarer Botschafter wie du bist, was deine Probleme sind. Falsch! Die meisten „Dinge“, die du dank anderen Menschen an dir entdeckst, sind oft nur ein reiner Hinweis auf eine deiner Denkschubladen. Sie zeigen, dass du irgendwo eine Erfahrung gespeichert hast, die du heute noch mit unangenehmen Gefühlen verbindest – und dass diese Schublade immer noch aktiv ist. That's it!

Wertvoll wird diese Sichtweise dann, wenn du sie mit folgender, offener Einstellung annehmen kannst:

»Wenn andere Menschen Botschafter und Spiegel meiner selbst, meiner inneren „Stimmgabeln“ sind, bin ich dankbar für jeden, der „mich ärgert“. Er hilft mir, mich selbst zu entdecken und entwickeln. Danke!«

„alt ist, wer an der Vergangenheit mehr Freude hat, als an der Zukunft“

«J. Knittel»

»Um alt zu werden, darf man keine Grundsätze haben.« (Börne) *»Woran man erkennt, dass man alt wird? Wenn man aufhört, zu hoffen und anfängt, sich zu erinnern.«* (Sanders, Sammlung) *»Nichts macht schneller alt, als der immer vorschwebende Gedanke, dass man älter wird.«* (Lichtenberg, vermischte Schriften). Was glaubst du, ist Alter eine Frage von Jahren oder von deiner Einstellung. Ist es eine Frage von Aussehen oder innerem Feuer? Kennst auch du Menschen, die mit 30 schon alt sind, deren Feuer der Leidenschaft erloschen ist, die sich so fühlen und aussehen wie sie ihren Alltag sehen – alt und grau? Die treffende Meinung vieler ist: *»Man ist so alt, wie man sich fühlt«*. Richtig! Wie alt fühlst du dich? Egal, was deine Antwort ist. Es ist nie zu spät! Entschliesse dich jetzt, im Geiste jung und vital zu sein und zu bleiben, überlege dir, wie du das ab heute umsetzen kannst – und dein Körper wird dir folgen!

„die gute Nachricht: du hast immer recht“

«Franz X. Bühler»

Du denkst: *»Ich habe den liebsten und besten Partner, die beste Partnerin der Welt?«* Du hast recht! Du denkst: *»Es ist schwierig, in einer Rezession ein blühendes Geschäft zu starten?«* Du hast recht! «Du denkst: *»Auch in einer Rezession haben tolle Ideen grosse Chancen?«* Du hast recht! Du denkst: *»In meinem Job lässt sich kaum mehr Geld verdienen. Es reicht immer nur knapp für das Leben.«* Du hast recht! Du denkst: *»Mensch, bin ich in einer super glücklichen Lage. Ich habe einen guten Job, kann wertvolle Erfahrungen sammeln und habe dazu noch die Zeit, mich weiterzubilden.«* Du hast recht! Du hast immer recht! Die Welt, deine Welt, ist das, was du von ihr denkst. Egal was du denkst, du wirst immer recht bekommen! Stimmt dich das nachdenklich? Du hast recht: *»Denke darüber nach!«*

„Erfolg ist“

«Bessie A. Stanley»

»Es hat derjenige Erfolg erzielt...
der gut gelebt hat, oft lachte und viel liebte;
der sich den Respekt von intelligenten Menschen verdiente und die Liebe von kleinen Kindern;
der eine Lücke gefunden hat, die er mit Leben füllte, und der seine Aufgabe erfüllte.
Ob entweder durch schöne Blumen, die er züchtete, ein vollendetes Gedicht oder eine gerettete Seele;
dem es nie an Dankbarkeit fehlte und der die Schönheit unserer Erde zu schätzen wusste, und der nie versäumte, dies auszudrücken;
der immer das Beste in anderen sah und stets sein Bestes gab;
dessen Leben eine Inspiration war und die Erinnerung an ihn ein Segen.«

„Katastrophen sind Chancen“

«unbekannt»

Der 11. September 2001 war eine Katastrophe. Er war aber auch eine Chance, Menschen, die damit schwer umgehen konnten, zu helfen mit einer einfachen und wirkungsvollen NLP-Übung. Er war die Chance, den Flugverkehr noch sicherer zu gestalten. Er war die Chance, Betriebe zu überprüfen und so zu diversifizieren, dass sie weniger anfällig für Einzelrisiken werden. Er war die Chance für viele Menschen, anderen in der schwierigen Zeit beizustehen, einander (endlich) wieder näherzukommen, zu fühlen, wie wichtig es ist, nicht allein zu sein, zu lieben und geliebt zu werden.
In welcher „Katastrophe“ steckst du?
Und welche Chancen verstecken sich dahinter? Was machst du selber daraus? Welche Entscheidungen triffst du? Mit wem zusammen kannst du sie meistern?

„alle sollen für dich und deine Ideen sein?“

«Franz X. Bühler»

Das ist ein untrügerisches Zeichen für mangelndes Selbstvertrauen, ein angeknacktes Selbstbewusstsein und ein noch geringeres Selbstwertgefühl!
Hart? Mag sein, doch, was immer du sorgfältig planst, entschlossen anpackst und konsequent durchziehst, es gibt sie immer, die drei Reaktionstypen:
»Diejenigen, die dagegen sind und es nicht nutzen werden, diejenigen, welche noch unsicher sind und sich am Schluss trotzdem nicht dafür entscheiden und jene, die dafür sind, es wirklich wollen und auch unterstützen.«
Du wirst nie alle Menschen für deine Ideen gewinnen können! Vergiss es, es liegt ganz allein an dir, wenn du dich von deinen tollen und begeisternden Ideen abhalten lässt, weil du nach Anerkennung lechzt.
Du kannst es aber auch entschlossen und zielstrebig anpacken, weil du dir deines Könnens und des Wertes der Idee bewusst bist und weil du das tiefe Vertrauen hast, dass es gelingt und das Bewusstsein, einigen anderen – und vor allem dir – damit grosse Freude und eine tiefe, innere Befriedigung zu bereiten!

„entscheidend ist nicht, was du bist, sondern was du daraus machst“

«unbekannt»

Renne nicht dauernd hinter dem nach, was du sein möchtest, nur weil es dich bei anderen beeindruckt. Analysiere, was du selber bist und gut kannst, was deine absoluten Stärken sind – und mache das Beste daraus!

Ein gelähmter Mensch im Rollstuhl könnte jammern und wehklagen, er könnte sich selbst bedauern und alle würden ihn verstehen. Nützt ihm das etwas? Macht es ihn glücklicher? Bringt es ihm das Gefühl, gebraucht zu werden, wertvoll und nützlich zu sein?

Er kann sich aber auf seine phänomenale Durchhaltekraft, seine unzerstörbare Selbstmotivation, seine brillanten Denkfähigkeiten konzentrieren und daraus zu einem der beliebtesten und besten Motivationstrainer werden. Er weiss, was es heisst, aus dem Verfügbaren das absolut Beste herauszuholen. Man wird es ihm abkaufen. *Womit „lähmst“ du dich? Was kannst du super gut und wem könnte dies nützlich sein?*

„beginne nicht mit einem grossen Vorsatz, sondern mit einer kleinen Tat"

«Sprichwort»

»Der Weg zur Hölle ist gepflastert mit guten Vorsätzen«, hat mir einmal mein Lehrmeister gesagt, als ich ihm weismachen wollte, was ich mir für's nächste Jahr vorgenommen hatte. Ich war beleidigt: *»Ja, glaubt der denn nicht an mich?«*
Erst viel später begriff ich, was er damit meinte. Tatsächlich nehmen wir uns sooo viel vor. Vor allem an Silvester – fürs neue Jahr... Mit dem Vorsatz allein ist aber noch fast gar nichts verändert. Er wiegt uns in der trügerischen Sicherheit, bereits eine Veränderung herbeizuführen, nur weil wir etwas erkannt haben!
Du weisst es besser! Ein Vorsatz hat erst dann die Chance, deine Wirklichkeit zu werden, wenn du eine erste, kleine Tat vollbringst und den ersten Schritt gehst! Was hast du dir schon lange vorgenommen und noch nicht angepackt?

V.

deine Gedanken, deine Goldmine

„vom Säen und Ernten"

«Basisgesetz des Universums»

Keinem vernünftigen Bauern kommt es in den Sinn, in einem Feld, in dem er im Frühling liebevoll Mais gesät hat, rote, saftige Erdbeeren ernten zu wollen. Er erntet immer nur harten, gelben Mais!
Jeder auch noch so speziellen Wirkung geht eine entsprechende Ursache voraus, jeder Reaktion die zugehörige Aktion. Das ist reine Physik.
Du kannst nicht Hass säen und Liebe ernten. Du kannst nicht Misserfolg denken und Erfolg einstreichen. Du kannst nicht Misstrauen säen und Vertrauen erwarten.
Du bekommst mit treffsicherster Präzision genau das zurück, was du aussendest, denn darauf hast du deine Sende- und Empfangsantennen getrimmt!
Überlege nur:
»Was willst du heute säen, um es morgen ernten zu können? Welche Ursachen willst du heute setzen, um morgen deren Wirkung zu haben?«

„mein Unterbewusstsein – mein Garten"

«Franz X. Bühler»

Dein Unterbewusstsein ist wie ein wundervoller, fruchtbarer Garten. Alles was du einpflanzt, beginnt zu wachsen und zu wuchern. Und am stärksten wachsen die Pflanzen, denen du die grösste Aufmerksamkeit und Pflege zukommen lässt.
Willst du, dass deine dich zerfleischenden Probleme wachsen? Willst du, dass deine erdrückenden Schulden wachsen? Oder willst du, dass deine Erfolge turbomässig boomen und wachsen, dass die Liebe in deiner Beziehung wächst, gedeiht und so schön, prickelnd und erotisierend ist wie nie zuvor?
Entscheide dich:
»Was willst du grösser, stärker, schöner, powervoller, und mitreissender haben in deinem Leben?« Und dann erstelle eine „Actionlist", denn allein mit dem *„Wissen-was-du-willst"* verändert sich erst wenig. Du musst es vertrauensvoll anpacken, in deinem „Garten" säen und liebevoll pflegen. Wann? Jetzt natürlich!

„denke – und es ist“

«Franz X: Bühler»

Wann immer du denkst oder in irgendeiner anderen Form Informationen deinem Gehirn zuführst, brennst du sozusagen deinem Computer ein Resonanzmuster ein. Visualisieren prägt deine Resonanzen genauso wie Erfahrungen und Erlebnisse, die Erziehung und dein Umfeld tun es, die Kultur spielt mit und die Wahl deiner Programmierer namens Medien, Filme, Bücher, Seminare tun es. Sie alle prägen dich in deinem ganzen, umfassenden Sein.
Bevor etwas in deinem spannenden Leben geschehen kann, muss es zuerst in irgend einer Form von dir gedacht werden. Und je intensiver, klarer und gefühlsgeladener du dies tust, desto wirkungsvoller sind deine Programmierungen!
Beispiel: *»Hast du ein anspornendes, dich motivierendes Ziel?«* Gut, dann stell‘ dir vor, wie es aussieht, wenn du dieses Ziel erreicht hast. Sieh dich in diesem einmaligen faszinierenden Film. Und dann mache nicht den Fehler, den die meisten Menschen tun: *»Sie meinen, ich habe ja visualisiert, jetzt muss es geschehen.«* Nein! Die nächste Frage lautet: *»Was kann ich heute tun, um diesem Ziel wieder einen Schritt näher zu kommen?«* Erst denken, dann handeln!

„Gefühle sind die grössten Kraftquellen unseres Lebens“

«Franz X. Bühler»

Wenn du dann vertrauensvoll unterwegs bist, brauchst du Wind, viel Wind. Und wenn der mal gerade fehlt, brauchst du deinen Bordmotor und einiges an Treibstoff. Deine Gefühle sind dein Treibstoff, dein Wind! Sie sind die Beschleuniger deiner wundervollen Reise. Aber aufgepasst:
»Diese Powerquellen funktionieren in alle Richtungen! Ob Liebe, Freude, Spass und Begeisterung oder Hass, Zorn, Neid und Missgunst – die einen pusten dich vorwärts, die anderen bremsen dich oder treiben dich gar rückwärts!«
Hier ist eine bewährte Idee, wie du dein Megapowerkraftwerk aktivieren kannst: *»Gönne dir 60 Minuten deiner wertvollen Zeit; suche Fotos mit tollen Erinnerungen und schreibe alles auf, was dir Spass macht, dich motiviert, worauf du stolz bist und dann spüre, was geschieht...«* Diese Powerblätter kannst du immer dann durchlesen, wenn gerade mal der kraftvoll treibende Rückenwind ausbleibt. Sie sind es, die deinen Bordmotor wieder anspringen lassen, damit du zielsicher weiterreisen kannst!

„der wichtigste Mensch in deinem Leben?"

«Franz X. Bühler»

Ganz einfach. Schaue in den Spiegel und du kennst ihn. Ja, du bist der wichtigste Mensch in deinem wunderschönen und spannenden Leben. Und das ist weder eingebildet noch egoistisch!
Magst du das Bild im Spiegel wirklich oder gehörst du zu den Menschen, die morgens in den Spiegel schauen und sagen: *»Kenne ich nicht – wasche ich nicht?« »Ja, ja, ist schon ok. Ich weiss doch, dass ich mich mag.«* Wirklich? Ganz sicher? So wie du bist, mit allen deinen Eigenschaften? Gut, dann sollte der folgende Test für dich ja ganz leicht sein:
»Gehe hin und forme einmal – vor dem Spiegel – deinen Mund zu einem Kuss. Schau' dir in die Augen und sage ganz sanft und voller Gefühl: »Ich liebe dich«
(*smile)
Solltest du dabei komische Gefühle verspüren, deine Mundmuskulatur sich nicht ganz locker anfühlen, weisst du, dass du auf dem Weg zur Selbstliebe noch ein Stück zu gehen hast. Wie sollen dich die anderen mögen, wenn du es selber nicht schaffst?

Indem er gespalten wird und 56 mal
über die Schleifscheibe kratzt.
Indem er entdeckt und geschunden
wird findet er die Beachtung aller.
Ja sein Wert wird gar durch ein Monopol
geschützt.
Und doch wandelt er sich unter dem heftigsten
künstlichen Feuer zu Rauch, wie wir
Menschen auch.

Die Investition hat sich gelohnt. In mühevoller Präzisionsarbeit wurde ein funkelnder, wertvoller Schatz zum Leben erweckt! Manchmal scheint uns das Leben „zu schleiffen“, doch wer an sich und den „Sieg“ glaubt, wird reich belohnt.

„auch in dir ist eine Siegerin - ein Sieger“

«Franz X. Bühler»

Frage:
»Würdest du an einem Rennen teilnehmen, zusammen mit 2 Millionen hoch motivierten Teilnehmerinnen und Teilnehmern starten, wo du heute schon wüsstest, dass nur der Sieger überlebt und alle anderen sterben?«
»Ich bin doch nicht verrückt!« Meinst du?
Du hast es aber bereits getan! Es war das Rennen um die Befruchtung der Eizelle. Du warst „the winner“ und hast die Zelle als erste(r) erreicht.
Gratuliere! In dir steckt seit Anbeginn das Gewinner-Syndrom. Nur leider scheint es bei vielen Menschen tatsächlich zu „stecken“ statt frei zu fliessen. Lasse es los. Es soll sich entfalten, wachsen und gedeihen. Erstelle heute dein persönliches „Winner-Album“ und achte dich einmal auf all die kleinen Gewinne und Siege im Alltag. Schreibe sie auf – und wenn du mal nicht in Gewinnerstimmung bist, lies es durch. Du wirst sehen, es geht dir schnell wieder besser.

„die grösste Chance deines Lebens – dein Unterbewusstsein ist blind!“

«Franz X. Bühler»

Es steuert automatisch deine Körperfunktionen und lässt alles wachsen, was du ihm eingibst. Du kannst es vergleichen mit einem Tonbandgerät, das ohne Unterbruch läuft und pausenlos alles aufzeichnet, was deine Sinneskanäle gerade liefern.
Was aber für deine Wünsche, Träume und Ziele etwas vom wichtigsten überhaupt ist: *»Dein Unterbewusstsein kann nicht unterscheiden zwischen Fantasie, Realität und Traum!«* Erschreckend? Im Gegenteil! Das ist die Chance deines Lebens! Gib deinem super Speicher regelmässig klare Bilder deiner Ziele ein – und zwar so, als ob du sie schon erreicht hast. Dein Unterbewusstsein beginnt dann sofort damit, Umstände zu schaffen, dich Chancen wahrnehmen zu lassen, deine Entscheidungen mitzuprägen, damit das eingegebene Bild so schnell wie möglich deine Realität wird. Wetten dass...?

„Selbstvertrauen, ein Thema für (fast) alle Menschen"

«Franz X. Bühler»

Oft wird Arroganz mit starkem Selbstbewusstsein verwechselt. Das Gegenteil ist der Fall. Dahinter versteckt sich immer ein unsicheres, verletzbares Wesen. Mangelndes Selbstvertrauen ist für fast alle Menschen ein Thema – und dies ist keine Schande! Auch du warst einmal klein und dein Gehirn lernte dabei: *»Ich bin klein, die anderen gross, ich kann (noch) nichts, die anderen können alles.«*
Heute bist du zwar gross, dein Computer und die tief verankerten Programme aber sind noch genau dieselben. Sicher sind einige neue Dinge dazugekommen, leider aber wirken die alten, gelernten Muster noch genauso wie früher. Du möchtest es ändern? Dann sage dir mehrmals täglich laut und mit viel Gefühl: *»Ich vertraue mir, ich glaube an mich und meine Fähigkeiten«.* Damit diese Autosuggestion noch schneller und intensiver wirkt, suche Ereignisse in deinem Leben, welche genau diese Worte beweisen, erstelle eine Liste und lies sie regelmässig durch. Nach einiger Zeit verankert sich so ein neues Bild von dir – einem Menschen voller Vertrauen in sich selbst!

„mein Unterbewusstsein, mein Tonband, meine CD, meine DVD, mein PC“

«Franz X. Bühler»

Wenn du auf ein Tonband die Musik von Louis Armstrong gespeichert hast, spielt es dann Melodien von Michael Jackson? Nein: *»Es spielt Louis Armstrong!«* Was erwartest du, wenn du auf einer DVD einen Erotikfilm speicherst? Ein Kinder-Mathe-Lernprogramm? Nein: *»Sie bringt Erotik!«* Und was erwartest du, wenn du auf deinen Computer ein Textprogramm speicherst? Läuft dann ein Buchhaltungsprogramm? Klar, es kommt das Textprogramm...
Und was kommt raus, wenn du in dein Gehirn, dein Unterbewusstsein Action, Krimis, Mord und Totschlag, Horrormeldungen, Negativ-Schlagzeilen, Dramen und Sitcom-Sendungen speicherst?
Ein ausgeglichener, liebevoller, Harmonie ausstrahlender, motivierter, zielstrebig denkender und handelnder Mensch? Entscheide dich, was du haben willst und dann wähle klug!

„wenn du wählen könntest, was für ein Mensch du bist“

«Franz X. Bühler»

Wie würdest du wählen? Wärst du ein liebevoller Partner, eine liebevolle Partnerin? Ruhig, ausgeglichen und in Harmonie? Voller Selbstvertrauen und Selbstakzeptanz? Strebsam, diszipliniert und mit grossem Durchhaltevermögen? Lernfreudig und wissbegierig? Sportlich, gesund und fit? Umgänglich und tolerant? Hart, aber fair, mit klarer Linie? Weitsichtig, mutig, motiviert und mit einem tollen Gedächtnis? Liest und weisst viel? Liebst und akzeptierst die Menschen wie sie sind? Konzentriert und kreativ? Liebevoll und ordentlich? Kannst Freude zeigen? Kannst loslassen? Bist ehrlich? Das ist gut: *»Du kannst wählen..!«*
Wähle jetzt, wie du sein willst und dann schreibe es liebevoll und sorgfältig auf mit den Worten:
»Ich bin.............«.
Lies diesen spannenden Text jeden Tag zweimal voller Freude durch und stelle dir vor, wie es ist, wenn du bereits dieser interessante, beliebte Mensch bist!

VI.

Reichtum – mehr als ein Wort, greifbar und machbar

„ist materieller Reichtum auch (d)ein Wunsch?“

«für viele Menschen eine Kernfrage...»

Es hat einmal jemand gesagt: *»Geld ist nur dann ein Thema, wenn du zu wenig davon hast.«* Diese schmerzliche Erfahrung kann ich leider nur bestätigen. Allerdings hat mich dieser Spruch auch nur bedingt weitergebracht.
Als erstes musst du einmal mit den zwiespältigen Gefühlen aufräumen, die immer dann auftauchen, wenn es ums Geld geht. Geld zu wollen hat nichts mit schnödem Mammon zu tun. Du lebst nun einmal in einer Kultur, wo dies wichtig ist. Geld ist nicht mehr und nicht weniger als ein neutrales Tauschmittel. Es ist ein Gradmesser deiner Wirkung und nicht ein Ausdruck von Intelligenz und harter Arbeit. Geld ist toll und schön - und wenn du jemandem helfen möchtest, dann denke daran, dass du nur etwas geben kannst, was du hast, egal ob Geld, Liebe oder Anerkennung.
Bodo Schaefer hat dazu einen sehr wirkungsvollen Tipp: *»Frage dich, was sind deine „**E**inkommen-**p**roduzierenden-**A**ktivitäten“ (EPA's) Womit kannst du anderen Menschen nützen?«* Und dann erledige jeden Tag zuerst diese EPA's!

„das einfachste Prinzip für Reichtum“

«Grundformel»

Es ist so einfach, dass es schon fast wieder lächerlich scheint. Unterschätze es nicht! Es ist mehr daran, als du im ersten Moment vielleicht glauben kannst. Die Formel lautet:
»Gib jeden Tag weniger aus, als du einnimmst!«
Nicht der grosse Verdienst macht dich reich, dein intelligenter Umgang mit dem lieben Geld kann dich reich oder arm machen. Sicher, wenn du Schulden hast und diese erst tilgen musst, befindest du dich auf den ersten Blick in einer Zwickmühle. Dann hilft dir nur eines: *»Analysiere, wieviel du regelmässig und sicher verdienst, plane deine Ausgaben und Amortisationen neu und halte dich strikte daran.«* Und noch eines ist wichtig: *»Plane so, dass du 10% deines Einkommens zur Seite legen kannst – auch während der Schuldamortisationen!«*
Wenn dir dieser Weg zu lange dauert, schau dich um, wem und in welcher Form deine Fähigkeiten und Erfahrungen auch noch nützlich sein können, über welche wertvollen Aktiven du auch noch verfügst und generiere auf diese Weise Mehreinkommen.

„wer den Rappen nicht ehrt, ist des Frankens nicht wert"

«Volksweisheit»

Hast du dich schon mal gefragt, woraus die vielbegehrte Million besteht? Richtig, aus lauter einzelnen Franken, Euros, Dollars usw.
Wir tun die unmöglichsten Dinge, um endlich die heiss ersehnte Million in unser Leben zu holen. Wir spielen Lotto, Roulette, machen an Wettbewerben mit und vieles mehr.
»Ja, wenn ich eine Million hätte, dann wäre alles ganz anders. Die würde ich wie einen lieben Freund willkommen heissen und hätscheln und pflegen.«
Das ist absurd, ein absoluter Witz! Und was bitte ist mit der einzelnen Geldeinheit – dem Franken, dem Euro, dem Dollar? Das sind die Brüderchen und Schwesterchen, aus denen die Millionen bestehen! Wir behandeln sie wie den letzten Dreck, abschätzig und geben sie achtlos aus, frei nach dem Motto: *»Das kostet ja nicht viel, was sind schon 20 Franken, Euro oder Dollar?«* Willst du wirklich reich werden und bleiben? Dann überprüfe dich und beobachte:
»Wie behandelst du dein Kleingeld?«

„sparen macht Spass, wenn ich messe“

«Franz X. Bühler»

Das langweiligste am Sparen ist, dass man sich davon nichts leisten kann. Es fehlen uns die kleinen (unnötigen) Selbstverwöhner. Klar kann ich mir später davon etwas kaufen. Hoffentlich sogar! Ist es soweit und ich kaufe mir etwas, ist dies aber kein Sparen mehr. Es ist das pure Gegenteil. Ich gebe Geld aus! Mein Gehirn muss also lernen, auch am Sparen Spass zu haben und nicht nur am Ausgeben!

Folgende Einstellung kann dir dabei helfen: *»Sparen ist nicht Verzicht, es ist das Erreichen eines Zieles auf einer anderen Ebene.«*

Und so funktioniert es:

1. Setze dir ein Sparziel, von dem du glaubst, dass du es leicht erreichen kannst.
2. Verdopple das Ziel, du kannst mehr als du denkst.
3. Zeichne eine Messsäule, auf der ganz oben dein Sparziel steht.
4. Trage jeden Tag ein, was du schon erreicht hast.
5. Setze fest, welche Belohnungen du dir beim Erreichen von 10,20,30% usw. gönnst.

Selbst die wertvollsten Diamanten erstrahlen erst dann in vollster Pracht, wenn auch im inneren des Menschen „die Diamanten“ funkeln.

„um reich zu werden, entdecke den Reichtum in deinem Leben“

«Franz X. Bühler»

Willst du wirklich Reichtum in dein Leben ziehen? Wirklich? Und was ist dir dies wert? Was bist du bereit, dafür zu tun? Immer noch „JA“? Ok, dann packen wir‘s an! Die unverzichtbare Basis dazu ist, dass du in dir ein brennendes, magisch-magnetisches Gefühl für Reichtum aufbaust und wie bei einem Kaminfeuer jeden Tag „Brennstoff“ nachlegst!
Folgende Übung hilft dir dabei – und ist erst noch gratis: *»Konzentriere dich ab heute jeden Tag, wo immer du bist, auf den Reichtum rund um dich herum. Beachte die gut ausgebauten Strassen, die Verkehrsschilder, die Ampeln, die Häuser, die Autos, den Schmuck, die Kleider, die warme Stube, den Fernseher, das Radio, die voll behangenen Bäume mit Früchten, das immer zur Verfügung stehende Essen, die wunderschönen Blumen, deine Gesundheit, deine Fähigkeiten.«* Achte darauf und du wirst entdecken: *»Die Welt ist voller Reichtümer!«*
Erst musst du dich tief drinnen reich fühlen, um reich zu werden und es zu bleiben.
Ja, entflamme in dir das tiefe Gefühl von Reichtum!

„ich bin ein Wertgenerator“

«unbekannt»

Wenn du für deinen Chef ein kompliziertes Werkstück anfertigst und er dafür mehr Geld bekommt, als er für Material und Arbeit ausgeben muss, dann hast du einen Wert erzeugt. Wenn du dem Kunden ein tolles Produkt verkaufst, mit dem er sich glücklich und wertvoller fühlt, als wenn sein Geld noch auf der Bank läge, bist du ein Wertgenerator. Wenn du jemandem hilfst, ihn bestens berätst und er davon einen viel grösseren Nutzen hat, als das, was er dir dafür bezahlt, bist du ein Wertgenerator. Wenn du ein wunderschönes Bild malst und der Käufer sich daran mehr erfreut, als wenn er sein Geld sparen würde, bist du ein Wertgenerator. Mache dir heute einmal bewusst: *»Womit generierst du Werte? Was macht dein Wirken so wertvoll für andere?«*
Und dann freue dich und sage 100mal laut und deutlich: *»Ich bin ein Wertgenerator!«*

VII.

Weisheiten grosser Denker – verstehen und umsetzen

„you are what you think,

all day long"

«Henry David Thoreau»

Mit welchen Einstellungen und Gefühlen möchtest du morgen leben? Wie soll dein künftiges Leben aussehen? Um morgen das spannende und erfüllte Leben zu führen, das du dir innig wünschst, um der beliebte und umschwärmte Mensch zu sein, der du sein möchtest, musst du es dir heute erst einmal denken! Darum entscheide jetzt:
»Wie und was möchtest du sein? Welche Einstellungen und Gefühle helfen dir dabei?« Und dann frage dich: *»Wo in deinem Leben hast du diese Einstellungen und Gefühle schon einmal gehabt? Welche Menschen kennst du, die so sind, wie du sein möchtest? Wie sieht dein morgiger Tag aus, wenn er nach deinen Wünschen verläuft?«*
Und jetzt noch ein heisser Tipp:
»Die Dinge, die du vor dem Einschlafen durchdenkst, wirken nachts weiter. Sie vertiefen und verfestigen sich!« Nutze diese wertvolle Erkenntnis!

„die Geschichte einer Orange"

Nachdem ein Schüler im Auftrag seines Meisters erfolglos versucht hatte, Orangen auf dem Markt zu verkaufen, kam er völlig demotiviert zurück und wetterte zornig über die Menschen, die seine Orangen nicht kaufen wollten. Der Meister schüttelte den Kopf und fragte den Schüler: *»Wenn ich diese Orange auspresse, was kommt dabei raus?« »Natürlich Orangensaft«* antwortete dieser. *»Richtig – und wenn ich mit dem Hammer draufschlage, was wird dann herauskommen?« »Auch Orangensaft«* knurrte der Schüler. *»...und wenn dein Maulesel darauf tritt, was wird dann herauskommen?« »Es wird immer Orangensaft herauskommen«* erwiderte der Schüler sichtlich erregt. Darauf meinte der Meister mit ruhiger Stimme: *»Die Orange antwortet also immer mit dem, was in ihr drin ist, ganz gleich, was ihr zugefügt wird. Setze einen Menschen unter Druck. Reagiert er mit Hass, Zorn und Neid, ist es das, was in ihm drin ist.«* Was kommt bei dir heraus, wenn du unter Druck bist? Damit Liebe herauskommen kann, musst du erst dich selbst lieben und akzeptieren lernen. Ein Satz der dir dabei helfen kann, ist die Suggestion: *»Ich liebe und akzeptiere mich.«* Sprich ihn 6 Monate lang, jeden Tag 50 mal laut und deutlich vor dich hin und freue dich!

„der Glaube versetzt Berge"

«1. Korinther 13,2.»

Schon Friedrich Schiller sagte:
»Alles wanket, wo der Glaube fehlt.«
Ich meine hier nicht Glauben im religiösen Sinne. Glauben bedeutet auch, von etwas intensiv und fest überzeugt zu sein, ohne den geringsten Zweifel!
Die Zweifel sind die lautlos nagenden Zerstörer grosser Ideen! Darum tue alles, was deinen Glauben an das Gelingen deines Projektes in irgendeiner Form festigen kann.
Und hier noch ein Tipp: *»Bevor du zu jemandem über dein grosses Ziel sprichst, stärke und verankere es erst in dir!«*
Jeder Wunsch, jeder Traum, jedes Ziel ist zu Beginn noch eine zarte Pflanze. In diesem Moment können die Zweifel, Bedenken und „wohlgemeinten" Ratschläge der anderen es leicht zerstören. Bevor du dich mitteilst, stelle dir folgende Fragen: *»Was musst du glauben können, damit es möglich ist, dein Ziel zu erreichen? Was kann sonst noch dazu beitragen? Wann und wo hast du bereits über diese Fähigkeiten, dieses Wissen, diese Ressourcen verfügt?«*

„Freiheit ist die Möglichkeit, eigene Ziele zu verwirklichen“

«unbekannt»

Leben wir nicht in einer tollen Zeit? Die ganze Welt liegt uns offen zu Füssen. Du kannst hinreisen, wohin du willst; arbeiten, was du willst; Ideen verwirklichen, die dir wichtig sind. Was du dazu brauchst? Wissen und Können!
Wissen ist die Grundvoraussetzung, um etwas zu tun. Zum „Können“ wird es aber erst durch beherztes Tun. Es ist doch grossartig! Fast das gesamte Wissen der Welt liegt offen vor dir. Geh‘ in die nächste Bibliothek und du wirst in deinem ganzen Leben nicht alles lesen können, was da geschrieben steht. Surfe im Internet und deine Welt des Wissens wächst um weitere Potenzen! Du hast die Freiheit, gleich heute damit anzufangen, deine Ziele entschlossen anzupacken und zu verwirklichen. Wer ausser dir kann dich davon abhalten? Tue es jetzt!

„das Geheimnis des Könnens liegt im Wollen“

«unbekannt»

Zum „Können“ zu kommen, ist selten eine Kunst. Dein gesunder Menschenverstand und die Grundanlagen für dein gewünschtes „Können“ reichen weiter, als du denkst. Den Rest schaffst du durch üben, üben und nochmals üben.

Was aber ist der Schlüssel für konsequentes Üben, wenn es mal nicht so spassig ist? Was braucht es, um schmerzende Misserfolge zu verdauen und immer und immer wieder aufzustehen, wenn du auf den Boden der „Realität“ geknallt bist? Nichts anderes als deinen Willen! Wissen tun wir es alle.

Die Frage ist: *»Was kannst du tun, wenn tief drin ein kleines Männlein zu stecken scheint, das dir genau in dem Moment weismachen will, dass alles eh nichts bringt und du besser aufgeben sollst?«*

Dann visualisiere ein weiteres Mal, was alles möglich wird, wenn du jetzt durchhälst. Wie dein Leben aussieht, wenn du dein Ziel erreicht hast. Es könnte doch sein, dass du gerade jetzt nur noch einen einzigen Schritt vom ersehnten Erfolg entfernt bist. Du würdest es dir nie verzeihen, aufgegeben zu haben.

„einzeln sind wir Worte, zusammen ein Gedicht“

«unbekannt»

Eine Symphonie besteht aus Tausenden von Noten. Einzeln sind es einfach Töne, zusammen ergeben sie eine vollkommene, wunderschöne und harmonische Komposition. Allein bist du ein wohlklingender, wichtiger Ton im Universum. Ohne dich würde in diesem Musikstück etwas fehlen!

Richtig entfalten kannst du dich aber nur, wenn du dich als Teil dieses Ganzen siehst. Wie?

Dein Beitrag zu diesem Wunderwerk liegt verborgen in deinen Fähigkeiten und Gaben. Entdecke sie, fange an, diese wundervollen Diamanten zu polieren und zu schleifen und bringe sie zum Erstrahlen!

Und das Beste daran: *»Du wirst sehen, wenn du all das weckst und tust, was tief in dir seit deiner Geburt als Meisterwerk verborgen liegt, lösen sich viele deiner Probleme wie von alleine.«*

„wenn du isst, dann iss, wenn du gehst, dann gehe, wenn du läufst, dann laufe“

«Zen-Weisheit»

Aber das tue ich doch schon. Sicher? Ganz sicher? Ist es nicht vielmehr so: *»Wenn du isst, denkst du schon ans Gehen – und wenn du gehst, denkst du schon ans Laufen? Tue das, was du tust ganz bewusst und konzentriert – und nur das!«* Was du davon hast? Konzentration fördert schnellere, präzisere Resultate, die Qualität deiner Arbeit steigert sich und deine Zusatzgewinne sind innere Ruhe, du lebst gesünder und hast mehr Zeit! Und gerade Zeit ist heute wichtiger denn je. Es zahlt sich aus, sie auf diese Weise besser zu nutzen.

Du glaubst, wenn du mehrere Dinge gleichzeitig tust, kommst du schneller voran? Weit gefehlt!

Mache einmal folgenden Test:

»Entferne alle Dinge von deinem Pult, welche du im Moment nicht brauchst und lege nur das hin, woran du gerade arbeitest.« Du wirst feststellen, dass du viel ergiebiger und schneller bist!

„ich war nie arm, nur gebrochen, arm zu sein ist das innere Bild"

«Mike Todd»

»Gebrochen zu sein ist eine temporäre Situation...« Ein fest verankertes, inneres Bild zu verändern ist schwerer, als nach dem Hinfallen wieder aufzustehen und es einmal mehr anzupacken!
Kennst du den Spruch: *»Die Reichen werden reicher, die Armen immer ärmer.«* Warum? Weil beides, Reichtum und Armut, eine Frage innerer Einstellung und nicht äusserer Umstände sind. Der Reiche muss seinen Reichtum genauso täglich „verteidigen" wie der Arme seine Armut!
Die gewünschte Veränderung aber kann nur von innen kommen. Wie? Beobachte täglich: *»Wie hast du dich heute in Geldsituationen verhalten, wie hast du entschieden?«* Analysiere sorgfältig und ehrlich – und dann verändere diesen Film in Gedanken so, als ob du es bereits richtig getan hättest. Du wirst mit Staunen entdecken, dass du dich das nächste Mal in der gleichen Situation anders verhälst oder dir dein „altes" Verhaltensmuster, bereits während du handelst, bewusst wird.

„heute ist mein bester Tag“

«Buch von Arthur Lassen»

Ein kluger Mensch sagte einmal: *»Jeden Morgen wenn ich aufstehe, habe ich die Wahl, glücklich zu sein und mich zu freuen oder unglücklich zu sein und mich schlecht zu fühlen. Ich bin doch nicht dumm, ich wähle das Glücklichsein!«*
Vielleicht denkst du jetzt: *»So einfach ist das nicht. Der kann schon sagen. Wenn der meine Sorgen hätte, dann wäre er auch nicht glücklich.«*
Frage: *»Wann kannst du besser mit Sorgen und Problemen umgehen? Wenn du dich kraftvoll und glücklich fühlst, oder wenn du saft- und mutlos über Lösungen nachdenkst?«* Sicher, wenn du voller Power und Lebensfreude bist! Das mindert zwar (noch) nicht dein Problem, verändert aber deine Einstellung und den Umgang. Nur so schaffst du es, das Steuer herumzureissen und den richtigen Weg einzuschlagen.
Wie? Erstelle dir eine Liste mit Dingen, Ereignissen, die dich aufstellen und motivieren. Lese sie täglich einmal durch, erlebe in Gedanken nochmals diese wunderschönen, kraftspendenden Momente – oder lies „mein iPowerbuch“ vom Autoren Franz X. Bühler.

„nimm dir Zeit“

«unbekannt»

Nimm dir Zeit, um zu arbeiten,
es ist der Preis des Erfolges.
Nimm dir Zeit, um nachzudenken,
es ist die Quelle der Kraft.
Nimm dir Zeit, um zu spielen,
es ist das Geheimnis der Jugend.
Nimm dir Zeit, um zu lesen,
es ist die Grundlage des Wissens.
Nimm dir Zeit, um freundlich zu sein,
es ist das Tor um glücklich zu sein.
Nimm dir Zeit, um zu träumen,
es ist der Weg zu den Sternen.
Nimm dir Zeit, um zu lieben,
es ist die wahre Lebensfreude.
Nimm dir Zeit, um froh zu sein,
es ist die Musik der Seele.
Nimm dir Zeit!

„leben heisst lernen von der Natur“

«unbekannt»

Von der Sonne lernen – zu wärmen.
Von den Wolken lernen – zu schweben.
Vom Wind lernen – Anstösse zu geben.
Von den Vögeln lernen – Höhe zu gewinnen.
Von den Bäumen lernen – standhaft zu sein.

Von den Blumen – das Leuchten lernen.
Von den Steinen – das Bleiben lernen.
Von den Blättern im Herbst – das Loslassen lernen.

Vom Regen lernen – sich zu verströmen.
Von der Erde lernen – sich zu verändern.
Vom Mond lernen – sich zu verändern.
Von den Sternen lernen – dass das Leben immer
weitergeht, immer von neuem beginnt.

„in unserer Welt gibt es keine Aussenseiter“

«Dr. Josef Murphy»

Fühlst du dich nutzlos, fällt dir das Dach auf den Kopf und du meinst, *„es hat doch alles gar keinen Sinn“*, dann denke daran:
»In unserer Welt gibt es keine Aussenseiter. Jeder Mensch hat in ihr seinen Platz.
Auch du wirst gebraucht!
Finde heraus, wem und wie deine Fähigkeiten nützen und treffe dann deine Entscheidungen!«
Es sind deine ganz besonderen Fähigkeiten, die gefragt sind – und nicht deine Schwächen!
Frage dich jetzt gleich – und schreibe es auf: *»Was kannst du besonders gut? Worin bist du stark? Was macht dich so wertvoll?«*
Jeder Mensch, und sei er auch noch so speziell in deinen Augen, ist ein Teil des Ganzen. Es braucht ihn! Und sei es nur, damit du und andere sich weiterentwickeln können!

VIII.

Gewohnheiten, die dich weiterbringen

„just do it"

«Nike»

Packe heute deine wichtigste, unangenehmste und bedrückendste Sache an. Eine, die dich in Vergangenheit viel Energie gekostet hat, dich oft hinderte, ja sogar lähmte, die du schon viel zu lange mit einem mulmigen Gefühl vor dir hergeschoben hast.
Denke sie durch und unterteile sie in kleine, machbare Jobs. Und dann packst du sie entschlossen an und belohnst dich nach Erledigen jedes einzelnen Teilzieles!
Schaue gespannt am Ende des Tages zurück und geniesse das angenehm warme Kribbeln im Bauch, das stolze, befriedigende Gefühl, ein Mensch der Tat zu sein. Du bist vom Unterlasser zum Unternehmer geworden! Ich gratuliere dir herzlich!

Das Rezept heisst: *»Tue es!«*

„was kann ich heute tun, um in Richtung meiner Ziele zu schreiten?"

«Die Schlüsselfrage erfolgreicher Menschen»

Und wenn es neben den vielen wichtigen und unbedingt nötigen Tätigkeiten nur ein kleiner Schritt ist, mache ihn. Gehe jeden Tag vertrauensvoll einen Schritt weiter in Richtung deiner motivierenden und energiegeladenen Wünsche, Träume und Ziele.
Lege diesen einzigartigen Schritt gleich als erstes am Morgen oder noch besser, am Abend zuvor, fest und erledige ihn, zuverlässig und konsequent!
Wenn du täglich selber tief in dir spürst, wie du deinen wundervollen Zielen näher kommst, weckt das unglaubliche und ungeahnte Kräfte.
Du wirst sehen, bereits nach kurzer Zeit wächst in dir eine spannungsgeladene, erwartunsvolle, unzähmbare Kraft und du kannst es kaum erwarten, den nächsten Erfolgsschritt zu planen und zu gehen!

Die Geduld dieses Bambus-Bauern hat sich gelohnt. Gross, kräftig und schön steht er da. Die Belohnung für vier lange Jahre liebevoller Pflege.

„Geduld,

eine oft vergessene Tugend..."

«gekürztes Bsp. Bambus, aus dem Buch „Gesetze der Gewinner" von Bodo Schaefer»

«Einen Bambus zu pflanzen erfordert Langzeitdenken und Vertrauen. Der Bambusfarmer gräbt erst sorgfältig die Sprossen in die Erde. Anschliessend bedeckt er die Erdoberfläche mit Heu. Jeden Morgen wässert der Farmer die noch unsichtbaren Sprossen. Er entfernt das Unkraut und lockert den Boden. Jeden Morgen – vier lange Jahre, in denen er seine Sprossen nicht sieht, in denen er nicht weiss, ob seine Mühe belohnt wird und auch nicht weiss, ob sie noch leben. Endlich, am Ende des vierten Jahres, brechen die Sprossen durch die Erdoberfläche. Und dann wachsen sie innerhalb von nur 90 Tagen ganze 20 Meter!»

Worauf wartest du? Was hast du gesät, ohne genau zu wissen, wann und ob es spriesst?
Mache weiter, halte durch, pflege und hätschle deine Saat und freue dich auf den Tag, wo sie erstmals ihre zarten Spitzen zeigt, um dann mit unbändiger Kraft „aus dem Boden zu schiessen!"

„Zeit ist meine wertvollste Quelle“

«Hans Peter Zimmermann»

Das einzige, was wir in unserem Leben wirklich „verlieren“ können, ist Zeit. Einmal weg, ist und bleibt sie unwiderruflich verloren! Zeit ist Leben. Zeit ist unser Mass für Existenz! Ersetze einmal den Ausdruck „Zeit“ mit dem Wort „Leben“ und urteile selber: *»Ich habe keine Zeit. Zeit verschwenden.«* Sie werden zu: *»Ich habe kein Leben. Leben verschwenden.«*
Pareto‘s 80/20er Regel bringt es auf den Punkt: *»Wir erreichen fast immer mit 20% Aufwand 80% der Resultate. In 20% der Zeit leisten wir 80% der produktiven Arbeit. Mit 20% der Kunden erzielen wir 80% des Umsatzes. In 20% der Zeit gewinnen wir 80% der Erfahrungen.«* Stelle dir vor, was möglich ist, wenn du nur 50% deiner Zeit, deines Lebens richtig nutzt!
Die Frage ist: *»Wie kannst du es selber ändern?«*
Ich habe gemerkt, immer, wenn ich folgenden Satz 50mal am Morgen und 50mal am Abend vor mich hinsprach, begann ich meine Zeit automatisch besser zu nutzen.
»Zeit ist meine wertvollste Quelle, darum nutze ich sie sorgfältig für Aktivitäten, die zu Resultaten führen.«

„reden ist Silber"

«Teil einer Volksweisheit»

und Schweigen sei Gold, sagt der Volksmund. Das mag in vielen Fällen stimmen, aber in genauso vielen ist es total verkehrt. Und es widerspricht sämtlichen quantenphysikalischen Erkenntnissen! Das Ehepaar, welches sich täglich passiv vor den Fernseher setzt, am Wochenende von Besuch zu Besuch stürzt, dauernd langweilige Einladungen gibt, an schönen und wertvollen Abenden individuell das Vereinsleben pflegt, möglichst viele, Selbstbestätigung bringende Termine in Kommissionen wahrnimmt usw., darf sich nicht wundern, wenn es sich plötzlich nichts mehr zu sagen hat. Darum: *»Nimm dein Schicksal entschlossen in deine Hände oder besser gesagt, in deinen Mund und rede! Rede über Gott und die Welt, tausche spannende Erfahrungen aus, egal was, aber rede.«* Die Macht der Kommunikation ist eines der günstigsten und wertvollsten Geschenke, die wir zur Geburt erhalten haben. Nur das Schweigen lässt die Menschen auseinander wachsen!

„gib nie – nie – nie auf"

«kürzeste Rede Churchills»

In dem Moment wo du aufgibst, wo du aufhörst, weiter zu suchen und an eine Lösung zu glauben, kracht das ganze mit lautem Getöse zusammen. Viele würden dich verstehen – ja, sie reden dir vielleicht sogar noch zu, endlich einzusehen, dass etwas nicht funktioniert! Du hast gekrampft, alles gegeben, dich bis zur Erschöpfung aufgeopfert. Du hast allen bewiesen, dass es dir wichtig ist. Jetzt solltest du doch mit gutem Gewissen aufgeben dürfen. Oder?
Nein – tue es nicht! Wenn du jetzt aufgibst, zerstörst du einen Teil deines Selbstvertrauens und Selbstwertgefühls. Egal, was es dich bereits gekostet hat, das waren Investitionen in deine Ausbildung! Sollen sie umsonst gewesen sein?
Nie aufzugeben bedeutet nicht, dass du etwas erzwingen sollst. Es kann heissen: *»Wenn der eine Weg dich nicht zum Ziel führte, dann ist es ein anderer. Es gibt einen – finde ihn!«*
Informiere dich, wer dieses Problem, diese Herausforderung bereits einmal gemeistert hat – und dann frage diese Menschen um Rat!

„entdecke die Schönheit im anderen"

«Franz X. Bühler»

Der heutige Tag soll ein einmaliger, spezieller werden. Wir gehen zusammen auf eine Entdeckungsreise der ganz besonderen Art! *»Suche heute in jedem Menschen, der dir begegnet, irgend etwas Schönes!«*
Das kann ein simples Detail sein wie seine wohlgeformte Nase, der schön geschwungene Mund, die angenehme Stimme, der wertvolle Schmuck oder die gepflegten Kleider, den er/sie trägt, sein tolerantes Verhalten dir oder jemand anderen gegenüber.
Egal was... Und jetzt beobachte dich selber:
»Wie fühlst du dich dabei?« Und wie reagieren die betroffenen Menschen darauf? Ja, auch sie werden sich anders verhalten, da du mit der Wahl anderer Gedanken auch deine Ausstrahlung ihnen gegenüber veränderst. Was du ausstrahlst, kommt früher oder später zu dir zurück!
Was hälst du von der Idee, dir dieses „Entdecker-Syndrom" dauernd anzugewöhnen – und damit zu einem immer willkommenen, angenehmen Zeitgenossen zu werden? Was glaubst du, um wieviel leichter dir die Dinge mit einer solchen Ausstrahlung zu-fallen?

„tue das wovor du Angst hast und das Ende der Angst ist dir sicher"

«Lebensweisheit»

Wie oft hast du schon unangenehme Dinge vor dir hergeschoben, Sachen, die du nur sehr ungern angepackt, vor denen du grossen Respekt hattest oder die dich vor Angst fast lähmten? Du fandest tausend Gründe, warum es gerade heute nicht geht.
Das ist total widersinnig und paradox:
»Aufgeschobene Dinge dauernd mit dir herumzuschleppen ist, als ob du auf eine Bergtour gehst, Steine sammelst, sie nach Hause bringst und am nächsten Tag einen anderen Berg mit dem noch gefüllten Rucksack vom Vortag besteigst. Von Tag zu Tag wiegt er schwerer und schwerer. Er belastet dich und raubt dir unnötig deine wertvollen Kräfte.«
Sage ehrlich: *»Fast immer war dann das, was du lange rausgeschoben hast, in kürzester Zeit erledigt und meist halb so schlimm wie befürchtet!«*
Tue die wichtigen Dinge heute, denn morgen werden sie dringend – und achte danach auf dein Gefühl!

„die 72-Stunden-Regel“

«unbekannt»

Alles, was du dir vornimmst und nicht innert 72 Stunden die ersten Schritte unternimmst oder realisierst, birgt leider die grosse Wahrscheinlichkeit in sich, dass du es nie tust! Und es schwächt erst noch dein Selbstbewusstsein.
Wann immer du etwas toll findest, ob in diesem interessanten Buch, einem spannenden Seminar, einen guten Tipp, den dir jemand gibt, tue unmittelbar folgendes: *»Plane diese Tätigkeit, dieses Verhalten bewusst ein, schreibe es in die Agenda und – tue es, mache den ersten Schritt innert 72 Stunden!«*
Du wirst sehen, es macht dich richtig stolz, ein Mensch der Tat statt der Worte zu sein. Nur die Dinge wirken, die du tust – und nicht das, was du unterlässt oder nur darüber sprichst. In deiner Grabrede wird niemand erwähnen, was du alles geplant und danach nicht getan hast. Du wirst gemessen an deinen Taten. Was willst du unbedingt in den nächsten 72 Stunden tun?
Tue es!

„führst du schon ein Erfolgs-Tagebuch?“

«Bodo Schaefer»

Was das ist?
Ein Erfolgstagebuch ist ein Buch, Ordner oder Heft, in das du täglich alle deine grossen, mittleren und kleinen Erfolge einträgst. Alles, worauf du stolz bist, das in dir ein gutes Gefühl auslöste. Dinge, die du konsequent angepackt und erledigt hast. usw.
Erfolge wie: *»Ich habe diszipliniert die 3 Telefonate geführt, welche ich schon lange vor mir herschob. Ich habe einem anderen Menschen ein liebes Wort, ein Kompliment geschenkt. Ich habe einem alten Menschen über die Strasse geholfen. Ich habe heute endlich einmal daran gedacht, die Blumen zu giessen.«*
Was das bringen soll?
Konsequent durchgezogen ist es die absolut günstigste Idee, dein Selbstvertrauen und Selbstwertgefühl zu stärken. Und dies ist etwas, das bei 99% aller Menschen irgendwann einmal gelitten hat.
Und wer meint, dass dies auf ihn nicht zutrifft, könnte es vielleicht am nötigsten haben!

„in der Stille gedeihen die wirklich grossen Dinge“

«unbekannt»

Kannst du hochkonzentriert arbeiten, wenn du inmitten eines Jubel-Trubelfestes bist? Glaubst du wirklich, dass die Geburt grosser Ideen möglich ist, wenn es rund herum zu und her geht wie in einem „hölzernen Himmel“? Aufgrund der heutigen, wissenschaftlichen Erkenntnisse des Gehirns ist dies kaum möglich.
Gönne dir deine wohlverdiente Ruhe, lass den hektischen Alltag hinter dir und schliesse systematisch deine noch offenen, aktiven „Schubladen“! Erst dann bist du wirklich in der Lage, dein „RAM“, deinen Arbeitsspeicher, mit den Dingen zu laden, die du für die wundervolle Geburt neuer Ideen, Kreationen oder Projektlösungen brauchst.
Und jetzt stelle deinem Supercomputer zielgerichtet Fragen und gib ihm genug Zeit, mögliche Kreativ-Kombinationen durchzuspielen. Grosse Ideen melden sich oft erst mit zarter, feiner Stimme. Wie willst du sie vernehmen, wenn „Lärm und Krach“ rund herum alles übertönen?

„tue so als ob“

«unbekannt»

In einem Interview wurde der berühmte Clown Rolf Knie einmal gefragt: *»Was passiert, wenn ein Clown knapp vor einem Auftritt eine niederschlagende, bedrückende Nachricht erhält? Wie kann er in einem solchen Moment noch blödeln und trotzdem die Menschen mitreissen und begeistern?«*
Seine knappe Antwort: *»Tue so als ob! Tue so, als ob du gut drauf wärst, als ob nichts geschehen wäre, gib alles und steigere dich richtig in die Rolle hinein, lebe sie mit allen Sinnen. Du wirst sehen, bereits nach kurzer Zeit beginnst du, dich genau so zu fühlen!«*
Tue so, als ob du schon der begeisterte, wertvolle Mensch wärst, der du sein möchtest. Interessiere dich für die Reisen und Häuser, die du dir gönnen wirst. Besuche die Ausstellungen, wo du all das findest, das zu deinem aufregenden Leben gehören wird. Begebe dich in das Umfeld von Menschen, die bereits dort sind, wo du hin willst.
Aber Achtung: *»Verwechsle „tue-so-als-ob“ nicht damit, dass du heute schon die Reisen buchst, dein Traumauto bestellst, dir in teuren Boutiquen Kleider kaufst, die deine heutigen Verhältnisse noch übersteigen!«*
Erst im Kopf, dann Schritt für Schritt im „Aussen“!

„nur wenn du weisst, was du suchst, kannst du es finden“

«Franz X. Bühler»

Die Geschichte vom verhexten Zapfenzieher...
Du stehst in der Küche vor der weit geöffneten Schublade, gefüllt mit einer Unmenge chromblitzendem Besteck, Schöpfkellen, Messern und anderen „Haushaltwerkzeugen“ und suchst krampfhaft einen Zapfenzieher. *»Ich kann ihn nicht finden«* ...rufst du deiner Partnerin zu. *»Doch, doch, er muss da sein. Schau nochmal nach«.* Du suchst verzweifelt weiter. Es ist wie verhext. Du kriegst diesen verfl..... Zapfenzieher einfach nicht in deine Hände.
»Wie sieht er denn aus?«, knurrst du, ungeduldig und gereizt. *»Er hat einen orangen Griff«.* In dem Moment, wo du „orange“ hörst, sticht er dir ins Auge. Er war die ganze Zeit da, direkt vor deinen Augen. Du hast ihn nur nicht bemerkt, weil du nicht wusstest, wonach genau du suchen sollst. So geht es uns mit allen Dingen im Leben: *»Nur wenn du weisst, was du suchst, kannst du es finden!«* Wonach suchst du? Nach welchen Antworten? Wie soll dein Leben aussehen? Anders? Wie anders? Stelle deinem Gehirn genaue Fragen und du bekommst präzise Antworten!

„die Story einer Zwiebel“

«Franz X. Bühler»

Du fühlst es ganz genau. Irgendwo, tief in dir, muss es einen gewaltig grossen Knoten geben, etwas, womit du dir immer und immer wieder selber im Wege stehst? Du arbeitest an dir, entwickelst dich und scheinst dich nur im Kreise zu drehen, kaum weiter zu kommen?
Dann kann dir folgender Vergleich helfen: *»Jeder Mensch ist ein enorm vielschichtiges Wesen mit einer unendlich grossen Anzahl von Erfahrungen, Erlebnissen und anderen Lernprozessen. Er ist wie eine Zwiebel!«* Wenn du zum Kern vorstossen willst, kann es gut sein, dass du erst noch einige Schalen entfernen musst. Dabei weisst du leider nie genau, wie weit du schon voran gekommen bist, da das erwünschte Ziel noch nicht eingetroffen ist.
Hier hilft nur eines: *»Mach konsequent weiter!«*
Du bist es wert! Wer weiss, vielleicht bist du genau eine einzige „Schale“ von der lang ersehnten Lösung entfernt! Gib nie, nie, nie auf. Du wirst sonst nie erfahren, wie es wäre, wenn...
Und übrigens haben es Zwiebeln so an sich, dass beim Entfernen ihrer Schalen auch mal Tränen fliessen.

IX.

Dinge, die das Leben erleichtern

„du fühlst dich schwach?

Verändere deine Haltung“

«aus dem Neuro Linguistischen Programmieren (NLP)»

Es gibt Momente, wo wir uns schwach und ausgelaugt fühlen, das ist normal. Nicht normal ist es, in diesem Gefühl zu bleiben. Du kannst natürlich sehnsüchtig darauf warten und hoffen, dass jemand kommt und dir etwas Tolles sagt, das dich wieder aufrichtet. Oder du kannst es selber entschlossen anpacken.
Was willst du?
Willst du es selber tun, hilft dir folgende Übung:
»Sitze oder stehe aufrecht, Brust raus, Schultern hoch, lächle, zeige deine Zähne, atme tief ein, schliesse deine Augen und denke beim Ausatmen an einen schönen Augenblick in deinem Leben und klopfe sieben Mal auf dein Brustbein.« Das Ganze wiederholst du zehn Mal. Dann beugst du beide Arme, als ob du jemandem deine starken Oberarmmuskeln zeigen möchtest, atmest nochmals tief ein und sagst beim Ausatmen laut und deutlich: *»jaaaa – yeah – ich bin Spitze!«* Und jetzt spüre, wie du dich fühlst!

„wem schenk' ich heut' ein liebes Wort?"

«heute einmal anders»

Wir Menschen sind schon bemerkenswert spezielle Wesen. Kritik, „wohlgemeint wie immer?" - und andere „liebe Tipps und Hinweise" haben wir oft schnell, nur allzu schnell, zur Hand.
Wann aber hast du das letzte Mal ganz bewusst das Prickelnde, Einzigartige und Positive in einem anderen Menschen gesucht?
Mache heute mal folgenden, faszinierenden Test:
»Achte bei Menschen in deiner Umgebung, zu Hause und am Arbeitsplatz, auf Dinge, die dir speziell ins Auge stechen, die du ehrlich loben kannst. Verschenke grosszügig Komplimente und flüstere jemandem ein nettes Wort ins Ohr. Schreibe mit knallrotem Lippenstift deinem Partner oder deiner Partnerin ein „Ich liebe dich" auf den Toilettenspiegel und sei gespannt, was geschieht. Beobachte aufmerksam, horche in dich hinein, spüre, wie du dich selber dabei fühlst und dann entscheide, wann du dir das nächste Mal einen solch spannenden Tag gönnst.« Du hast es ehrlich verdient!

„tue Gutes

und sprich darüber“

«Peter Suter»

Betrachte die Reihenfolge, denn sie ist entscheidend: *»Erst tun und dann darüber sprechen!«* Und nicht, wie es viele Menschen pflegen, erst allen davon erzählen – und dann tun sie es oft gar nie. Wer erst darüber spricht, sucht noch Bestätigung. Er ist sich seiner Sache noch nicht sicher.
Warnung: *»Das ist der gefährlichste Moment im Leben deiner Idee!«*
Wenn jetzt jemand kommt und daran zweifelt schafft er es oft, tollste Ideen bereits als zarten Keim zu ersticken. Er nährt nagende Zweifel in dir!
Ganz anders und ungemein wirkungsvoller ist es, nach vollbrachtem Werk darüber zu sprechen! Es bedeutet, einer Sache Energie zu geben, sie zu mehren und zu verbreiten, in anderen die Begeisterung, vielleicht sogar ein wenig Neid zu wecken – und nicht, um selbstsüchtig im Mittelpunkt zu stehen. Es ist nur eine Frage, wann und wie du darüber sprichst!
Übrigens: *»Neid muss man sich verdienen!«*

„Streit, Wut, Zorn und Hass, wie dir andere deine Energie rauben“

«Prophezeihungen von Celestine – die Dritte»

Wenn du dich streitest, ärgerst, wütend oder zornig bist, fliesst deine wertvolle Energie unmittelbar zu der Person, die von deinem Streit, deiner Wut, deinem Zorn betroffen ist.
Beobachte das nächste Mal gespannt, wie du dich nach einem solchen energiegeladenen Vorfall fühlst. Fühlst du dich stark, ausgeglichen und voll unbändiger Energie? Wohl kaum.
Wenn du selber wieder einmal in eine solche Situation gerätst, teste eine der folgenden, wirkungsvollen Ideen. Umarme den anderen liebevoll und sage ihm: *»Wenn du Energie brauchst, dann kannst du sie auch so von mir bekommen«.* Ist dies nicht möglich, dann atme tief ein und sage oder denke: *»Ich habe mich zwar geärgert und bin wütend geworden, aber der/die/das an ihr/ihm finde ich trotzdem schön und liebenswert«.* Schwierig? Vielleicht – aber von erstaunlicher Wirkung!

„wer Angst hat,

hat schon verloren"

«unbekannt»

Angst kann eines der gemeinsten und Kräfte zehrendsten Gefühle sein, die wir kennen. Sie kann dich aber genauso gut beschützen oder gar antreiben. Welcher Natur ist deine Angst? Verhilft sie dir zu motiviertem, beherztem Weitergehen – oder lähmt sie dich? Beantworte folgende Fragen:

- Hast du in irgendeiner Form Angst oder Bedenken vor einem möglichen Resultat?
- Bestehen andere Befürchtungen oder Zweifel?
- Wie sieht dein Leben aus, wenn das, wovor du Angst hast, definitiv nicht eintritt?
- Was wäre das Schlimmste, was passieren kann, wenn deine Befürchtungen definitiv eintreten?
- Ist das wirklich so schlimm?
- Was kannst du jetzt gerade tun, um diese Bedenken und Ängste abzubauen und loszuwerden?

»Angst vor – heisst Konzentration auf das Falsche! Du richtest deine Energie auf etwas, das du nicht haben möchtest!«

„wer anderen Menschen etwas nachträgt, hat selber Mühsal und Arbeit“

«Franz X. Bühler»

Wir Menschen sind schon spezielle Wesen. Wie oft ärgern wir uns und tragen diesen Ärger den anderen auch noch jahrelang nach? Und wer bitte hat beim „Nachtragen“ die ganze Arbeit – der andere oder du? Kein Tier würde diese tun. Die gute Nachricht:
»Es gibt eine Lösung – und sie heisst „verzeihen“!«
Obwohl unerhört wirkungsvoll, scheint sie etwas vom Schwierigsten zu sein, das wir kennen. Dazu kommt noch, dass das Verzeihen überaus gesund wäre! Nicht zu verzeihen führte schon oft zu inneren Verkrampfungen, Geschwüren oder gar Krebs!
Willst du das? Ich weiss, es sagt sich leichter, als es ist und wenn es drauf ankommt kann es so verflucht schwer sein. Darum versuche einmal folgendes: *»Stelle dir vor, dein inneres, liebevolles Kind begibt sich in Gedanken zum inneren Kind des anderen Menschen, schüttelt ihm die Hand und bittet ihn um Verzeihung in Sachen xyz«.* Ob das wirkt? Teste es!

„alles ist schwierig, bevor es leicht wird“

«Franz X. Bühler»

Wie oft haben Menschen schon zu dir gesagt: *»Mensch ist das schwierig, was du da tust. Das könnte ich nie!«* Und du hast erwidert: *»Ach was, das ist ganz leicht.«* Warum? Weil du es kannst, weil du es beherrschst, erscheint es dir leicht.

So geht es uns mit allen Dingen. Am Anfang erscheinen sie uns schwierig, weil wir sie noch nicht im Griff haben. Je mehr wir üben, desto leichter und einfacher wird es, ja, wir könnten noch ganz andere Herausforderungen anpacken.

Egal was du vorhast: *»Es darf, ja, es soll dir am Anfang schwer erscheinen.«* Tut es das nicht, ist das Ziel, der Wunsch, der Traum, die Herausforderung zu klein. Wachsen kannst du nur an Dingen, die dich fordern. Sie werden dich fördern!

Alles gehört dazu. Das harte und mühsame Arbeiten im Rebberg, das schweisstreibende Gewinnen der sonnengereiften Reben, das liebevolle Pflegen des wertvollen Rebsaftes – wie auch das Geniessen des edlen, vollmundigen Tropfens nach getanem Tagewerk.

„du verdienst es, die Balance von Arbeit und Vergnügen mit gutem Gewissen zu geniessen“

«Franz X. Bühler»

Sind wir nicht ver-rückt? Wir arbeiten und malochen tage- und nächtelang und gönnen uns keine Pausen. Oft bleiben dabei auch noch Familie, Freunde und das Essen auf der Strecke. Und wenn wir uns dann einmal den Luxus leisten, erst mittags zur Arbeit zu erscheinen, plagt uns bereits das schlechte Gewissen. Das kann es ja wohl nicht sein!
Wir wissen zwar, dass wir die Pausen verdient hätten, aber tief drinnen ist so eine aufdringliche, leise Stimme, die uns mit Erfolg immer wieder ein unangenehmes Gefühl einflüstert.
Hast du das bei dir auch schon entdeckt, oder kennst du jemanden, der so ist? Dann ist es Zeit für die Suggestion *„Ich verdiene es, die Balance von Arbeit und Vergnügen mit gutem Gewissen zu geniessen“*. Schreibe sie dir auf ein Kärtchen und sprich sie mindestens 50mal morgens und abends laut aus. Tue dies während 4 Wochen und du wirst staunen!

„hast du schon ein Traumalbum?“

«Bodo Schaefer»

Nein? Dann wird es höchste Zeit! Eröffne gleich heute dein persönliches Traumalbum. Sammle Bilder von all den Dingen, die du dir wünschst. Schreibe hinein, was dir wichtig ist, was du in dein wundervolles und spannendes Leben „ziehen“ möchtest. Male es in Gedanken, in deinen Tagträumen lebendig und kraftvoll aus. Erstelle eine Collage mit diesen Bildern und sieh sie dir täglich mehrmals kurz an:
»Sie wird dein Leben.«
Automatisch? Nein, aber in deinem Kopf prägst du so eine Resonanzbasis dafür – und das ist eine Grundvoraussetzung, dass dieses erfüllte Leben, dieser Lebenstraum je deine Realität werden kann.
Der Dumme sieht sich nur die Bilder an und denkt: *»Schade, es wird wohl kaum je wahr werden«.* Der Kluge fragt sich: *»Wie könnte ich wohl dahin kommen?«* Der Klügere hat bereits einen Plan und der Klügste fragt: *»Was kann ich heute tun, um?“«*

„wenn ein Affe hineinguckt, kann kein Apostel heraussehen"

«Lichtenberg – über Physiognomik»

Wenn ein Verlierer hineinguckt, kann kein Gewinner heraussehen. Wenn ein Hässlicher hineinguckt, kann kein Schöner heraussehen. Wenn ein Arbeiter hineinguckt, kann kein CEO heraussehen. Wenn ein Zorniger hineinguckt, kann kein Fröhlicher heraussehen. Wenn ein Armer hineinguckt, kann kein Millionär heraussehen. Du siehst, es ist überall dasselbe.
Es guckt dir immer das entgegen, was du erwartest, was du von dir selber denkst, wie du dich fühlst!
Ändere deine Gedanken, ändere deine Meinung von dir, verändere deine Einstellung und es guckt dich der Mensch an, der du sein möchtest. Tue dies solange, bis du tief in deinem Herzen spürst, was du sehen möchtest und der Schritt dorthin ist kürzer und einfacher als du heute glauben kannst.
Ja, du bist total Ok. Du bist Spitze. Du bist wertvoll!

„hat dich jemand geärgert?“

Menschen sind schon ganz spezielle Wesen. Wir lassen es immer wieder zu, uns zu ärgern. Das heisst nichts anderes als: *»Wir wählen ärgerliche Gefühle!«* Dabei ist das Paradoxe daran bereits in unseren eigenen Worten zu erkennen! Wir pflegen zu sagen: *»Ich habe mich geärgert!«*
Ich – mich – selbst – geärgert! So ein Witz! Kein Mensch der Welt kann dich ärgern, wenn du es nicht zulässt. Du musst es schon selber tun. Trotzdem geben wir anderen immer wieder die Macht über unsere Gefühle! Sei ehrlich: *»Wie fühlst du dich, wenn du dich geärgert hast?«* Energievoll, kräftig, motiviert oder energielos, kraftlos, eher demotiviert?
Das Beste, was du jetzt gleich tun kannst, ist, dir vorzunehmen: *»Heute ärgere ich mich nicht.«* Oder positiv ausgedrückt: *»Heute bleibe ich ruhig und gelassen. Ich kontrolliere meine Gefühle selber, egal, wer oder was auf mich zukommt!«*
Und wenn du dich doch wieder einmal ärgerst, gewöhne dir an, noch einen positiven Nachsatz dran zu hängen. Zum Beispiel: *»Mensch, ist das ein A.........., aber ein schönes Auto fährt er, das muss ich eingestehen.«* Wozu das gut sein soll? Mit diesem Nachsatz verknüpft dein Gehirn den Ärger im Nachhinein mit etwas Angenehmem und du fühlst dich sofort besser! Teste es. Wahr ist, was wirkt!

„loslassen?“

«Franz X. Bühler»

Loslassen kann heissen:

- *Akzeptiere den IST-Zustand! Es ist, wie es ist. Du kannst die Vergangenheit nicht ändern. Doch die Art und Weise, wie du heute daran denkst, beeinflusst wesentlich deine Zukunft!*
- *Verurteile nicht! Verurteilen bedeutet „nicht akzeptieren“, daran festhalten, der Sache Energie zu geben.*
- *Konzentriere dich nicht auf einen bestimmten Weg! Dies bedeutet Begrenzung. Ein klares Ziel? Ja! Aber der Weg soll flexibel bleiben.*
- *Zweifle nicht an der Zielerreichung. Darum setze dir Ziele, an die du glauben kannst!*
- *Gib all das aus deinem Leben weiter, was du nicht mehr brauchst, was du z.B. seit einem Jahr nicht mehr benutzt hast. Das bedeutet, Platz schaffen fürs Neue, fürs Erwartete.*
- *Du musst nicht „recht-haben-wollen“, um zu beweisen, dass andere „un-recht“ haben.*
- *Sei frei vom „Siegen-müssen!“ Je mehr du zum Beispiel während eines Spiels loslassen kannst, um so grösser ist paradoxerweise deine Sieges-Chance.*

„schneller lernen?

durch modellieren“

«Franz X. Bühler»

Wann hast du die grössten und schnellsten Lernfortschritte deines Lebens gemacht? Richtig, das war, als du noch als Baby, und später als Kind, wie ein trockener Schwamm alles aufgesogen und neugierig, voller Wissbegierde die Welt erkundet hast.
Du lerntest essen, sprechen, gehen, laufen, telefonieren, dich in speziellen Situationen entsprechend zu verhalten.
Und wie hast du das gelernt? Du hast deine Eltern beobachtet, dein Umfeld studiert und ganz einfach alles nachgemacht, bis es dir genauso gelang. Im NLP nennen wir dies: *»Du hast modelliert!«*
Das funktioniert heute noch genau so gut, wie zu Kindeszeiten. Du möchtest erfolgreich sein im Tennis, im Golf, in der Leichtathletik, im Fussball, in deinem Beruf? Dann suche dir Vor-Bilder, Menschen, die das, was du lernen möchtest, bereits beherrschen und modelliere sie. Mache sie nach. Verhalte dich gleich. Gewöhne dir dieselben Dinge an und du wirst dieselben Erfolge feiern. Was und wie möchtest du sein?

„du brauchst sofort mehr Energie?“

«Franz X. Bühler»

Dann trinke 2 bis 3 Liter Wasser pro Tag. Wir Menschen bestehen aus über 70% Wasser. Da ist es nur logisch, wonach es unseren Körper, im wahrsten Sinne des Wortes, am meisten dürstet.
Genug Wasser heisst: *»Bessere Verdauung, dünneres Blut, deine Nervenbahnen leiten besser, du bekommst einen klareren Kopf und du fühlst dich vitaler und leistungsfähiger.«* Der Nebeneffekt kann sein, dass du dadurch sogar deine langerduldeten, bohrenden Kopfschmerzen loswirst, (falls du welche hast...) da diese oft nur eine Folge von zu wenig frischem, klarem Wasser waren.
Und jetzt zum Sauerstoff:
Wenn du dich das nächste Mal schwach und ohne Power fühlst, teste folgendes: *»Atme tief ein während du langsam auf 6 zählst, halte die Luft an und zähle dabei auf 24, dann atme langsam aus und zähle dabei auf 12.«* Das Ganze tust du 3mal. Ein leichtes Schwindelgefühl kann für kurze Zeit die Folge sein. Danach wirst du dich garantiert fitter fühlen. Ob es hilft? *»Probieren geht über studieren!«*

„wütend oder zornig?"

«unbekannt»

Dann teste einmal folgendes Patent-Rezept. Stelle dir in Gedanken diesen Menschen oder diese Situation vor und sage zu dir selbst: *»Friede sei mit dir!«*
Du wirst sehen, es geht dir sofort viel besser und es stellt sich ein ruhiges, angenehmes Gefühl ein!
Das klingt komisch, ja beinahe mysteriös, ist es aber nicht. Im NLP nennt man diese Form von Verankerung „chaining-anchor".
Dein Gehirn verknüpft in diesem Moment das Ärger und Zorn auslösende Bild mit diesem ganz speziellen Satz, den wir bereits mit friedvollen, angenehm ruhigen Gefühlen verbinden. Die Wirkung ist deshalb so eindrücklich, weil dieser kurze Satz bereits millionen- und milliardenfach verwendet und geprägt wurde – und jede Woche immer wieder ausgesprochen wird!
Quantenphysikalisch klinkst du dich sozusagen in ein bewährtes und tief verankertes Resonanzmuster ein.
Ob das wirklich wirkt? Nur dein eigener Test kann es beweisen. *„Friede sei mit dir!"*

Weitere Bühler-Produktionen

Vom Kopf ins Herz *jetzt auch* **als Hörbuch erhältlich!**

Original gesprochen vom Autor – Franz X. Bühler
ISBN 978-3-906439-18-1

Mein Dankbarkeitsbuch

Mit diesem Buch können Sie Ihr Leben von Grund auf verändern... wenn Sie es wollen. Aus der Erfahrung vieler „dankbarer Menschen" kann ich Ihnen versichern: Die Idee ist so einfach und genial, sie wirkt selbst dann, wenn Sie nicht daran glauben. Einzige Bedingung: TUN!

Autor – Franz X. Bühler
ISBN 978-3-906439-13-6

Ideale Geschenke für:

- Ihre Mitarbeiter
- Ihre Kunden
- Ihre Freunde
- und natürlich Sie selbst

Für attraktive Spezialpreise bei Abnahme grosser Mengen rufen Sie bitte an. (Adressinfos finden Sie Seite 2)

Dreh den Schlüssel - aktiviere deine verborgenen Ressourcen

Franz X. Bühler
...nur für Menschen, die Ihre heutigen und künftigen Erfolge auf eine dauerhafte und solide Basis stellen wollen...

ISBN 978-3-906439-08-2

Wussten Sie, dass jeder Erfolg von der Stärke Ihrer „5S" abhängt?
Was mit den „5S" gemeint ist? Ganz einfach. Die „5S" stehen für Selbstakzeptanz, Selbstvertrauen, Selbstliebe, Selbstwert und das daraus resultierende Selbstbewusstsein.

- ja, auch der Wunsch nach einem Partner, einer Partnerin...
- oder sich ein bestimmtes Auto zu kaufen...
- auf der Karriereleiter nach oben zu klettern...
- viel Geld zu verdienen...
- auf der Bühne zu singen oder Theater zu spielen...
- das Sehnen nach Gesundheit...
- der Verlauf einer Krankheit...
- die Vision, sich ein eigenes Geschäft aufzubauen...

All dies – und was Sie sich sonst noch auszudenken vermögen, steht im untrennbaren, direkten oder indirekten Zusammenhang mit der Stärke Ihres Fundamentes – den „5S". Sie können es drehen und wenden wie Sie wollen, Sie landen immer dort!

Ob Ihre Wünsche, Träume und Ziele je wahr werden und sie erreichen, was Ihnen wichtig ist, hängt immer – und ich betone – immer mit der Festigkeit Ihrer „5S" zusammen. Daran führt kein Weg vorbei!

Ich weiss, das ist eine kühne Behauptung und ich möchte auch gleich den Beweis dafür antreten... (Buch Seite 12)

Temporal – die Königssprache der Kommunikation

Franz X. Bühler
für Führungskräfte, Verkäufer, Mediatoren, Therapeuten und alle, die Gespräche leiten und führen – wie Sie...

ISBN 978-3-906439-15-0

Stellen Sie sich einmal vor, es gäbe eine ganz spezielle, einfache Technik, von „Nicht-Eingeweihten“ nicht erkennbar, die Sie in kürzester Zeit erlernen und beherrschen könnten, die es möglich macht,

- dass sich die Anzahl Ihre erfolgreichen Verkaufsverhandlungen und -Abschlüsse sicher und stabil steigern lassen...
- dass sich Arbeits- und Beziehungskonflikte sofort zu lösen beginnen...
- dass Kommunikationsprobleme fast wie weggefegt werden...
- dass stockende Verhandlungen wieder in Gang kommen...
- dass sich zerstrittene oder sture Gesprächsparteien innert kurzer Zeit auf dem Weg zum Konsens befinden...

Die Temporale Sprache ist das Werkzeug dazu!

Mit Praxisbeispielen wie:

- Mitarbeiter-Motivation generell (Gruppe)
- Verkauf – das wohl kürzeste Training der Welt
- Projektbremser, Problemsucher & die Ewig-Negativ-Denker
- „Chropfläärete“ – Angst vor?
- Debitoren im Rückstand – Kreditorendruck
- Stockende Verhandlung – Mitarbeiter leistet zuwenig
- Zweifel an Machbarkeit und Zielerreichung
- Partnerknatsch/Beziehungskrise

(M)ein Powerbuch

Franz X. Bühler
Arbeitsbuch mit Power-Aktvierungs-CD zum Aufbau und Erhalt von Lebensfreude, Energie und Motivation für jeden Tag.

ISBN 978-3-906439-06-8

CD – in „Schweizer Mundart"
(mit Booklet)

Was passiert, wenn Sie sich ein tolles Ferienfotoalbum ansehen, das Sie an wunderschöne, ausgelassene Tage erinnert? Richtig, bei den meisten Menschen stellt sich schnell einmal wieder ein Gefühl von süssem Nichtstun, Relaxen und Lebensfreude ein.
Auf dieser einfachen Erkenntnis beruht die Idee dieses lPowerbuches. Es sind unsere eigenen Erinnerungen, die, wenn sie richtig aktiviert werden, in uns täglich ungeahnte Kräfte freisetzen. Sie brauchen keine Fremdbeeinflussung, kein Warten auf Motivation von aussen. Im Gegenteil! Es ist alles schon da.
Einmal zusammengetragen, übernimmt die Mundart-CD das Aktivieren Ihres Powers, Ihrer Lebensfreude. Das ist Energie und Motivation, sozusagen aus dem Schlaf heraus! Einfacher geht es nicht.

Und wer ist erfolgreicher und überzeugender?
Ein missmutiger, demotiverter, kraftloser und negativ denkender Mensch oder der aufgestellte, motivierte und powervoll positiv denkende?

Mehr Power = mehr Freude = stärkere Ausstrahlung = mehr Erfolg!

schlank werden...
schlank bleiben...

Franz X. Bühler
Arbeitsheft mit Tiefenentspannungs-Verankerungs-CD zum Aufbau und Erhalt eines neuen Essverhaltens und Lebensgefühles.

ISBN 978-3-906439-03-7

CD – in „Schweizer Mundart“
(mit Booklet)

Es sind unsere Essgewohnheiten, die uns übergewichtig machen. Wirklich schlank werden und bleiben können wir nur, wenn wir diese verändern. Stellt sich nur die Frage, wie? Eine Diät kann helfen, schnell abzuspecken. Ändern wir in dieser Zeit aber nicht auch unsere Essgewohnheiten, ist der frustrierende JO-JO-Effekt vorprogrammiert.

Fazit: »Wenn abnehmen über den Verstand funktionieren würde, wären wir alle schon lange schlank!«

Unser Verstand kennt die Rezepte bestens, wie wir unsere Wunsch- und Traumfigur erreichen.

Schlank werden ohne Diät? Ohne JO-JO-Effekt?
Ohne Frust? Einfach so? Dauerhaft die Gewohnheiten verändern? Ohne sich zu quälen? Sicher, mit einer Diät geht‘s schneller. Aber aufgepasst: *»Wer so abnehmen will, muss während dieser Zeit an seinen Essgewohnheiten arbeiten, denn sie waren es, welche die Kilo-Reserven brachten und wenn sie die Essgewohnheiten nicht verändert werden - immer wieder bringen – auch nach der besten Diät!«* „Der JO-JO-Effekt lässt grüssen!“

die 7-Stufen Erfolgs-Formel

Franz X. Bühler
Arbeitsbuch mit 2 CD's
mit den bestens bewährten
7 Stufen zum Erfolg

ISBN 978-3-906439-04-4 (2 CDs)

CD – in „Schweizer Mundart"
(mit Booklet)

In diesem impulsreichen und lebendigen Programm (Schweizer Mundart gesprochen) erfahren Sie:

- Warum es Menschen gibt, denen alles gelingt
- Warum bei anderen fast alles schief geht
- Was Erfolg ist und wie er entsteht

Die 7 Stufen zum Erfolg!

- Wie das Universum funktioniert – Physik einmal anders.
- Wie wir Menschen „funktionieren" und wie Sie dieses Wissen für Ihren persönlichen Erfolg einsetzen können.
- Eine Niederlage?
  Wie Sie sich selber wieder motivieren können.

Vielleicht ein Programm, das auch in Ihrem Leben so etwas wie Wunder möglich macht?